介護の技術をやさしく丁寧に解説

介助が困難な人への介護技術

滝波順子／田中義行 著

中央法規

はじめに

　加齢や病気のために身体の機能が障害されると、普段自立している日常生活に支障をきたします。介護従事者の役割は、高齢者や障害者など介護の必要となった要介護者が自宅や施設等で安心して暮らせるように、適切な介護サービスを提供することです。

　介護従事者の技術は、利用者のニーズを満たすために必要な新しい状態を生み出す技であり、「手技としての技術」「コミュニケーションとしての技術」「癒す技術」等がありますが、介護は実践の技術であるという性格を踏まえて、その基盤となる教養や理論的態度を涵養（かんよう）する「人間と社会」の理解がまず必要になります。また、要介護者の「尊厳の保持」「自立、自律支援」の考え方をベースに、介護の提供に必要な根拠ある手法であること、生活を支えるための介護でなくてはなりません。

● **介護の専門性に必要な視点として**

　介護は、「身体上または、精神上の障害を問わず、生命維持の基本である、衣・食・住の便利さに関心を向けながら、その対象者がこれまで普通に獲得してきたところの生活様式に着目し、その対象者が身の回りを整える上で支障があればそれを補い、生活を継続させるための支援をする業務」と考えます。また、介護の対象者である高齢者や障害のある人が、人生で成し遂げようとしたことを、病気や障害、老いのために無に帰すことのないように、要介護者の障害の程度や発症時期、生活の自立度、生活訓練の有無、医学的観点からの障害の種別とその状態、健康管理、発作時の対応等の知識と手法をもって介護することが必要です。更に、要介護者の生活の不便さを補ったり、介護をスムーズに行うために、障害や能力にあわせて福祉用具の種類の選択・適合・調節等をすることも不可欠です。生活を継続させるために、最も使いやすい福祉用具を選んでください。

　そして介護の重要な視点は、住み慣れた地域で社会参加ができるように、身体的・心理的・社会的なアセスメントを通して、新たな生活の再構築を図っていくことです。

● **介護技術を学ぶ意義**

　人は自分の身体を移動させることなしに、食事・排泄・清潔・入浴・衣服の着脱等の日常生活動作（ADL）を遂行することはできません。そのほか買い物、炊事、洗濯、掃除、金銭管理や薬の管理等、生活関連動作を含む手段的日常生活動作（IADL）もありますが、これら二つの生活動作に関連・共通するのが寝返りをする、起き上がる、座る、立ち上がる、歩くなどの移動動作であり、それが十分にできなければADL、IADLに影響や支障を及ぼし、生活の維持は困難になります。さらに麻痺や拘縮等の機能障害、意欲・姿勢の指向性、周囲の物的環境、介護者等を含めた人的環境の在り

方がそれぞれ単独あるいは互いに作用しあいながら、生活の自立性を阻む構造が形成されていきます。

今後は、要介護者の身体機能の維持や負担軽減のため、個々の障害像にあわせた適切な手法の提供がますます必要になってくるでしょう。しかし、介護を必要としている要介護者の一人ひとりは、置かれている環境も、拘縮や麻痺の程度、関節の痛み、筋力低下などの身体状況も異なりますので、それらに応じて介護手順のすべてを覚えておくことには無理があります。そこで、基本となる手技をどれほど身につけているかが問われます。例えばベッドからのずり落ち、移乗時の転倒事故の原因等は、立ち上がり動作の原則である「両足をうしろに引いて前傾姿勢をとり、足部の支持基底面に重心を移す」というポジショニングを介護者が適切に行わない結果、要介護者がバランスを崩してしまうというケースを多々見かけます。介護技術はすべてにおいて根拠があります。基本となる手技をきちんと身につけ、要介護者との位置関係、ポジショニング、併せて機器との距離感や高さ調節等も含めて理解することで、基本の介護技術をアレンジしたり、工夫することができるようになります。本書で述べる介護技術はほんの一部であり、すべてではありません。前述の視点を踏まえながら、ここで示されている手順とその意味を理解していただければと思います。

最後に、各地で介護の現任研修を主催されている方々に研修参加者へのアンケート調査、聞き取り調査等、本書の裏付となる様々なケースをとりまとめていただきました。ご協力をいただきました研修主催者の皆様と、本書の原動力となりました、現場で働く介護従事者の方々に感謝いたします。撮影モデルとして、多忙な業務の中で貴重な時間を割いていただいた介護福祉士の井上茂子氏、中根美幸氏に深く感謝いたします。撮影場所は、荒川8丁目福祉施設、グループホームなごみ三河島（共に株式会社大起エンゼルヘルプ）にご快諾をいただきました。そして、理学療法士の田中義行先生からはリハビリテーションの視点からのご執筆、実技の写真撮影にも臨んでいただき、改めて介護技術を考えるよい機会となりました。また本書の執筆を熱心に勧め、刊行に至るまで励まし、厳しく指導してくれました、中央法規の近藤朱氏のお力添えがなければ、本書の刊行は難しかったと思います。本書の刊行にご尽力いただいたすべての方々に心よりお礼を申し上げます。

2014年5月　滝波　順子

Contents

- 1 　はじめに
- 7 　本書を読む前に

序章

- 10 　1　介助が困難な人への介護技術
- 12 　2　大切なのは日頃の姿勢づくり

第1章　状態別アプローチ法

- 16 　介助を困難にするもの

第1節　拘縮のある人へのアプローチ

- 20 　1　拘縮が起こる要因
- 24 　2　アプローチ法
- 24 　　上方移動Ⅰ
- 26 　　上方移動Ⅱ
- 28 　　寝返り
- 30 　　起き上がり
- 32 　　立ち上がり
- 34 　　移乗Ⅰ
- 36 　　移乗Ⅱ
- 37 　　移乗Ⅲ
- 40 　　衣服の着脱Ⅰ
- 41 　　衣服の着脱Ⅱ
- 43 　　衣服の着脱Ⅲ
- 46 　　ポータブルトイレ
- 48 　　column#1　神経性拘縮について
- 49 　　column#2　指を開く

50　第2節　円背のある人へのアプローチ

- 50　1　円背が起こる要因
- 52　2　アプローチ法
- 52　　　水平移動
- 54　　　反対側に寝返る（体位変換）
- 56　　　立ち上がり
- 58　　　座位姿勢
- 59　　　column#3　膀胱留置カテーテルについて

60　第3節　パーキンソン病がある人へのアプローチ

- 60　1　パーキンソン病の要因
- 62　2　アプローチ法
- 62　　　寝返り
- 64　　　起き上がり
- 66　　　立ち上がり
- 68　　　歩行
- 70　　　column#4　経管栄養法について

72　第4節　振戦のある人へのアプローチ

- 72　1　振戦が起こる要因
- 74　2　アプローチ法
- 74　　　移乗
- 76　　　食事

78　第5節　四肢が突っ張る人へのアプローチ

- 78　1　四肢が突っ張る要因
- 80　2　アプローチ法
- 80　　　寝返り
- 82　　　移乗

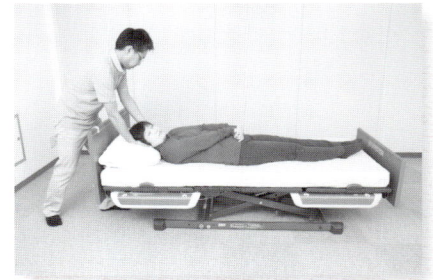

84　第6節　関節リウマチがある人へのアプローチ

84　1　関節リウマチの要因
86　2　アプローチ法
86　　　寝返り
88　　　起き上がり
90　　　立ち上がり
92　　　移乗
94　　　衣服の着脱
96　　　食事
97　　　column#5　食事の場面で活躍する福祉用具

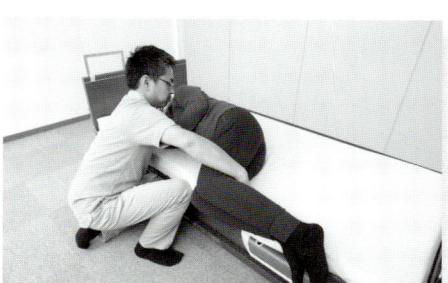

98　第7節　認知症がある人へのアプローチ

98　1　認知症と介護
100　2　アプローチ法
100　　　認知症がある人への理解の促し方、誘導の仕方
102　　　立ち上がり
104　　　移乗
106　　　column#6　認知機能の確認の仕方
107　　　column#7　認知症のある人への介護

109　第2章　場面別アプローチ法

110　介助を困難にするもの

112　第1節　低位置から高所への移動・移乗

112　1　床からの立ち上がり（麻痺がない場合）
112　　　床から立ち上がる
115　2　床からの立ち上がり（麻痺がある場合）
115　　　床から立ち上がり、ベッドまで戻る
119　　　column#8　玄関先での注意点

- 120 **第2節　狭い空間での介助**
- 120　1　トイレ内の移乗
- 120　　車いす⇔トイレ
- 124　　column#9　患側回りを身につけよう
- 126　2　浴室内の移動
- 127　　浴槽へ入る時
- 128　　浴槽から出る時
- 130　3　車内の席移動
- 130　　乗り降り
- 134　　座席の移動
- 136　　column#10　階段での注意点

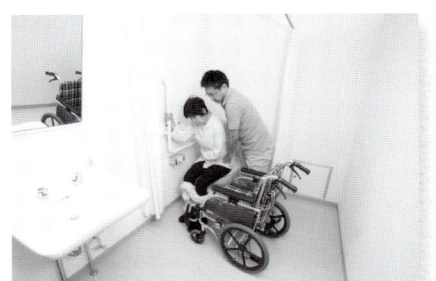

- 138 **第3節　体格差がある場合の介助**
- 138　1　起き上がり
- 138　　要介護者が大柄な体型の場合
- 140　2　立ち上がり
- 140　　要介護者が大柄な体型の場合

- 142 **第4節　多点杖・歩行器を使って**
- 142　1　多点杖を使った歩行
- 142　　四点杖の使い方
- 144　2　歩行器を使った歩行
- 144　　固定歩行器の使い方
- 145　　シルバーカーの使い方
- 147　　column#11　肘かけタイプの歩行器の使い方

- 148　あとがき

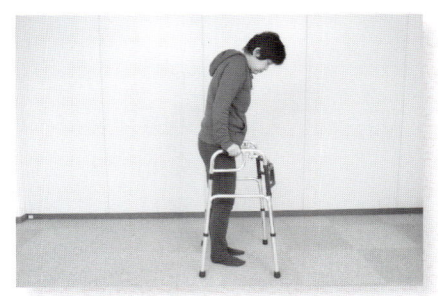

本書を読む前に

　本書を読むにあたって参考となる知識をまとめました。是非ご一読されてから、本文へお進みください。

身体各部・骨格の主な名称

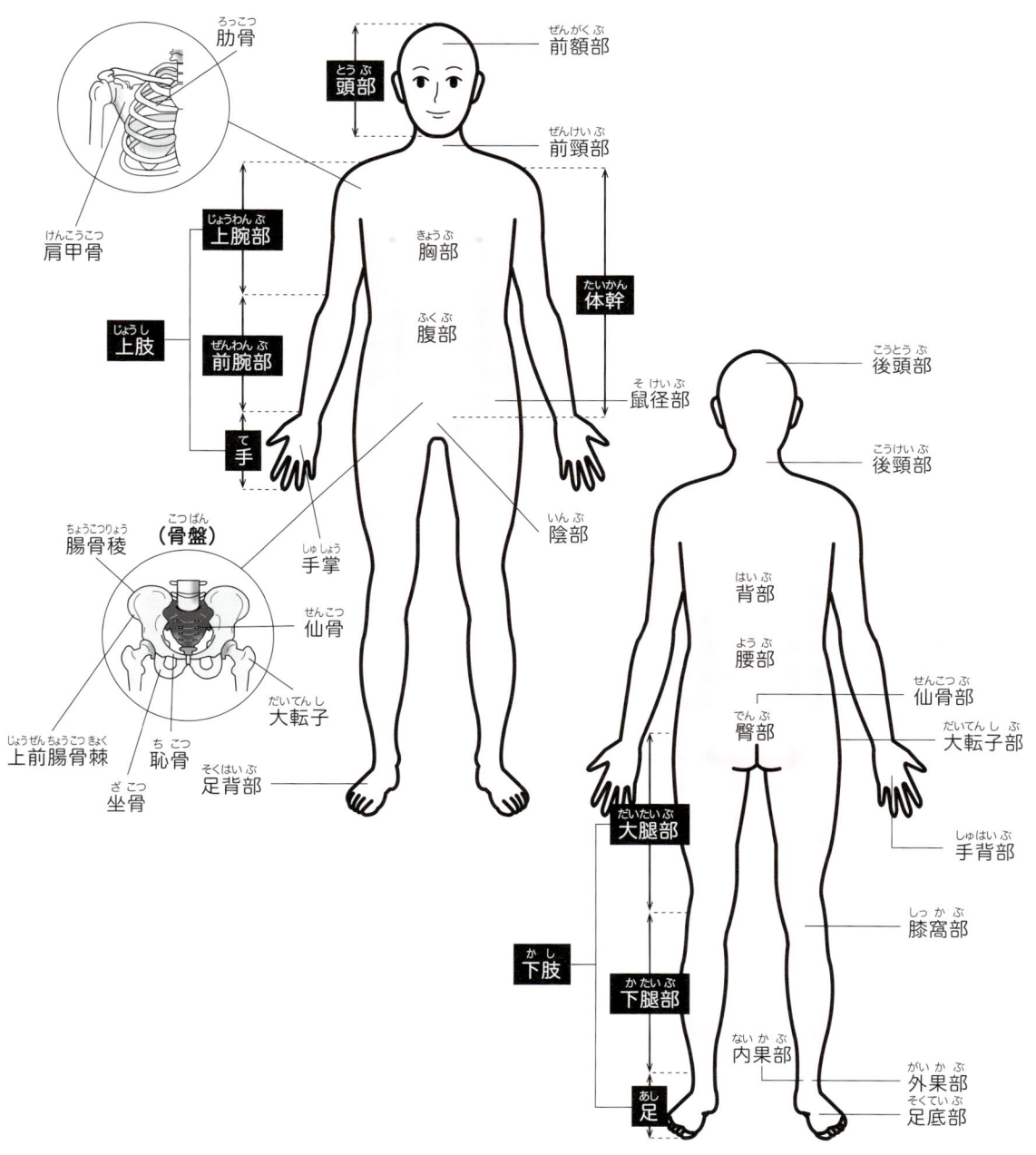

代表的な姿勢

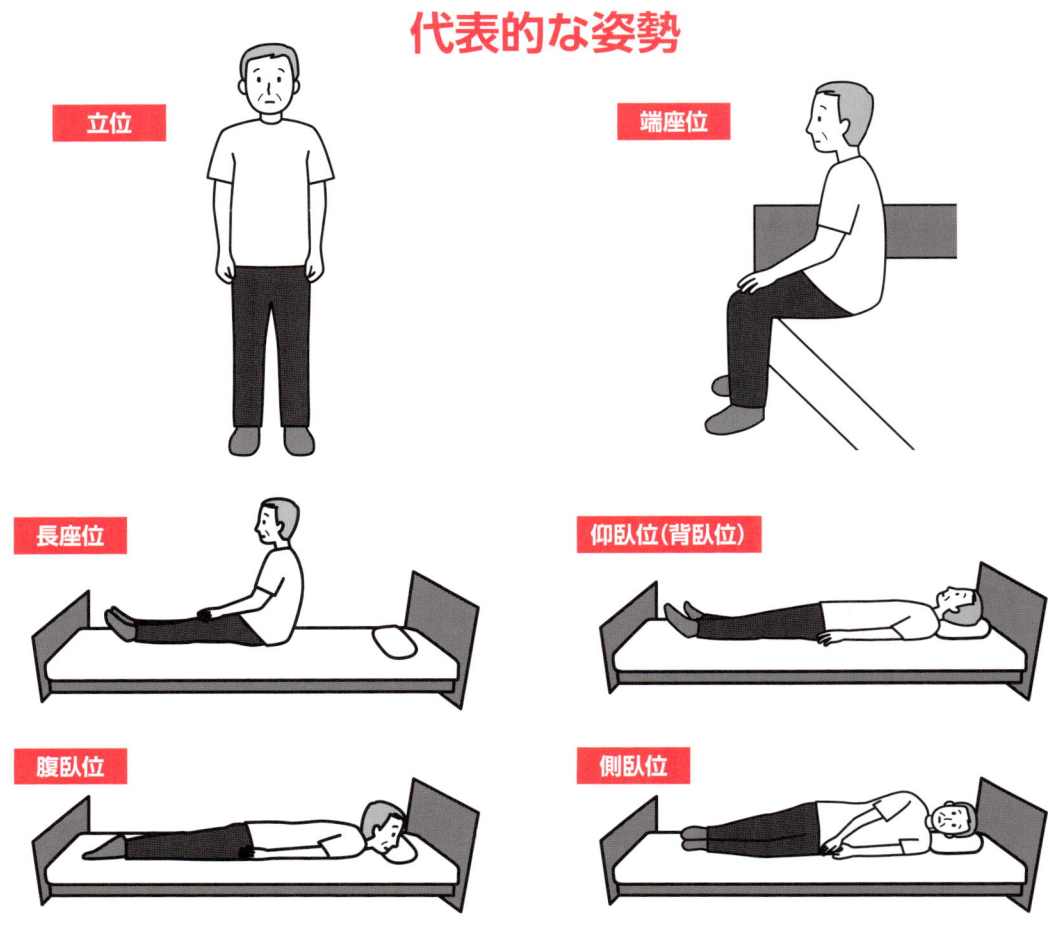

立位 / 端座位 / 長座位 / 仰臥位（背臥位）/ 腹臥位 / 側臥位

本書に使われている主なリハビリテーション用語

圧中心点	物体がつり合う場所が重心になる。圧中心点は、その重心の真下に位置する。
外転	関節の運動方向を示す言葉。四肢の外転といえば、身体の正中線より離れていく動きとなる。対義語は内転。
筋緊張	筋肉の収縮状態をいう。姿勢を保つ等では自然と筋緊張亢進（高まり）が起こっている。
屈曲	関節の角度を狭くすること。対義語は伸展。
抗重力筋	ある姿勢を保つためには、重力に抗する筋活動が存在（活性化）することで可能となる。この無意識のうちに緊張が亢進している（高まっている）筋肉の総称をいう。
固縮	錐体外路系（主に動きのスムーズさを調整する役割）が障害を有した時に起きやすい異常な筋緊張の亢進。
伸展	関節の角度を広くすること。対義語は屈曲。
内転	関節の運動方向を示す言葉。四肢の内転といえば、身体の正中線へ近づけていく動きとなる。対義語は外転。
反回旋の立ち直り反応	姿勢は正中位にあるのが基本となるため、正中位から体の一部がはずれると、正中位に戻ろうとする動きのこと。「巻き戻し反応」ともいう。

序章

序章

1 介助が困難な人への介護技術

◎介護の専門性に必要な視点として

　加齢や病気のために身体の機能が障害されると、普段自立している日常生活に支障をきたします。介護従事者の役割は、高齢者や障害者など介護が必要となった要介護者が自宅や施設等で安心して暮らせるように、適切な介護サービスを提供することです。そのため、介護従事者の技術は、要介護者のニーズを満たすために新しい状態を生み出す技を備えていなければなりません。具体的には「手技としての技術」「コミュニケーションとしての技術」「癒す技術」等がありますが、介護は〝実践の技術〟であるという性格を踏まえ、その基盤となる教養や理論的態度を涵養し、「人間と社会」を理解することがまず必要であるともいえます。**そして一番大切なのは、要介護者の「尊厳の保持」「自立、自律支援」の考え方を踏まえ、介護の提供に必要な根拠ある手法で、生活を支えるための介護でなくてはなりません。**

　介護は、「身体上または精神上の障害を問わず、生命維持の基本である、衣・食・住の便宜さに関心をむけながら、その対象者がこれまで普通に獲得してきたところの生活様式に着目し、その対象者が身の回りを整える上で支障があればそれを補い、生活を継続させるための支援をする」ことです。また、介護の対象者である高齢者や障害のある人が、病気や障害や老いのために人生に成そうとしたことが無に帰すことのないように、要介護者の障害の種類と発症時期、生活の自立度、生活訓練の有無や医学的観点からの障害形態と程度、健康管理、発作時の対応等の知識と手法をもって介護をすることが求められます。

　要介護者の生活の不便さを補ったり、介護をスムーズに行うために、障害や残存能力にあわせた福祉用具の種類の選択・適合・調節なども不可欠であり、要介護者や介護者にとって最も使いやすい福祉用具を選びながら生活を継続させることも大切です。

　これらを通じて、要介護者が住み慣れた地域で社会参加ができるように、身体的・心理的・社会的な面をアセスメントして新たな生活の再構築を企てることが、介護の重要な視点になります。

◎介護技術を学ぶ意義～介護技術とは何か

　人は自分の身体を移動させることなしに、食事・排泄・清潔・入浴・衣服の着脱等の

日常生活動作（ADL）である身辺動作を遂行することはできません。またADLに加えて、買い物、炊事、洗濯、掃除等に金銭管理や薬の管理等の生活関連動作を含む手段的日常生活動作（IADL）があり、この二つの生活動作に関連・共通するのが、寝返りや起き上がり、座る、立ち上がる、歩くなどの移動動作です。移動動作が十分にできないと、ADLやIADLに影響や支障を来たし、生活の維持が困難になります。

しかし、生活行為の自立性はＡＤＬにかかわる身体機能の要素だけで規定されるのではありません。生活を破綻させるきっかけとなるのは、疾病の後遺症である麻痺や拘縮等の機能障害、意欲・姿勢の指向性、周囲の物的環境、介護者等の含めた人的環境の在り方で、これらが単独にあるいはお互いに作用し合いながら、生活構造を形づくっていきます。

今後は一層、身体機能の維持や要介護者および介護者双方の負担軽減のため、個々の障害像にあわせた適切な手法の提供が求められるでしょう。例えば、ベッドからの転落、移乗時の転倒事故の原因は、ベッドからの立ち上がり動作の原則である、重心を前方(足底の中心)に移動させていないことやポジショニングを適切に行わずに立ち上がりをさせてしまうためにバランスを崩すことが挙げられます。

介護を必要としている要介護者は、一人ひとり置かれている身体状況も環境も異なりますので、それらに即して介護手順のすべてを一つひとつ覚えておくのは無理があります。そこで、基本となる手技をきちんと身につけておき、機器の適切な扱い、介護者と要介護者の距離や位置関係、姿勢のポジショニング等を理解することで、基本介護技術をアレンジさせなければなりません。介護技術はすべてにおいて根拠があり、高齢者や障害者に触れながら、その根拠を理解し、確認することによって、最もよい介護を提供することが可能になります。

つまり介護技術の基本は、想像力を働かせて、介護される人の立場にたつということになります。要介護者の拘縮や麻痺の障害度、関節の痛み、筋力低下などの程度は一人ひとり異なっています。それを思い込みで介護をすると、要介護者に不快感を与えたり自立の妨げとなったりします。

介護従事者の業務は要介護者の安全と安楽を守ると同時に、介護従事者自身の安全と安楽が守られていなければなりません。本編で述べる介護技術はほんの一部であり、すべてではありません。ここで示されている手順と、それが持つ意味を理解して頂きたいと思います。

2 大切なのは日頃の姿勢づくり

◎なぜ日頃からの姿勢づくりが大切なのか

重度といっても要介護者によってその状態は様々です。しかし要介護度が高い事例で考えると、多くは「寝たきりの状態で自ら動くことができない状態」にあるといえるでしょう。このような状況は、寝たきりのために筋緊張が亢進し、全身性の屈曲拘縮を引き起こします。全身が拘縮し、関節がかたい状態になってしまうと、更衣や排泄、寝返りや起き上がり、移乗などの様々な介助が行いにくくなります。関節がかたく動かない状態では、当然ながらどんなに介助技術を身につけていたとしても、現場での実践は難しいのではないでしょうか。

座位姿勢でも同じことがいえます。例えば円背の強い要介護者は、座位時でも骨盤が後傾した状態にあるため、腰部の筋緊張が高まり、立ち上がりや座るときに骨盤が前傾しにくくなり、これらの動作時に必要な体幹を前傾し上半身の重心（圧中心点）を両足部で構成する支持基底面内に移動させることが難しくなります。その結果、介助も負担が大きくなります。片麻痺のある要介護者の場合には、平坦な座面に座っていても、健側（非麻痺側）と患側（麻痺側）の臀部に感覚障害が出現するため、要介護者自身は平坦な座面に座っている感覚がなく、その結果身体の重心位置が健側に優位に変異し、何とか健側で座位バランスを保っている状態となっています。そうなると健側が過剰な努力を払っているため、片麻痺特有の連合反応が出現し、患側上下肢に異常筋緊張が出現しやすくなります。患側の肘は屈曲して手を内側に強く握り込み、足も膝で屈曲して足首が内側に反っているような要介護者をみかけませんか？　それは前述の理由によるものです。これでは座位時のバランスは崩れやすくなり、上肢や下肢が動かしにくいのは当然です。

また、よく介護・看護・リハビリでは離床の大切さが強調されます。それは適切であると思いますが、身体がかたくなり椅子や普通型車いすで座位保持が可能ではない状況でも、離床のために無理矢理リクライニング車いすに座位をとらせている場面をよくみます。そのような状況の要介護者は、臥床時から全身の筋緊張が高く、関節がかたくなっている状態ではないでしょうか。まずは座位の前の臥床時から適切なポジショニングを行い、筋緊張を低下させる

状況をつくるほうが、座位保持も行いやすくなります。つまり基礎的対応として、臥床時のポジショニングを適切に行うことが必要であるといえます。

◎**普段からの姿勢づくりとは**

動きにくくなった重介護状態の要介護者の多くは、筋緊張が亢進し、関節がかたい状態にあるのではないでしょうか。そう考えると、普段からの姿勢づくりで求められるのは、リラクゼーションがえられる姿勢だと思います。臥床時でも、座位時でも、筋緊張が適切な状態になっていることが大切です。

特に座位時に筋緊張が高くて体幹が突っ張ってしまい、椅子からずり落ちそうになっている要介護者のような場合は、前述したように、多くは臥床時の姿勢の悪さが筋緊張を高めています。そのため、どんな状況でもまずは適切な臥床姿勢によって、全身の筋緊張低下を促すような姿勢づくりが、すべてのケアの基本となります。

今までと同じ対応でも、きっと適切な臥床姿勢を継続することによって、ケアの実践が困難な状況からの改善が生まれてくると思います。

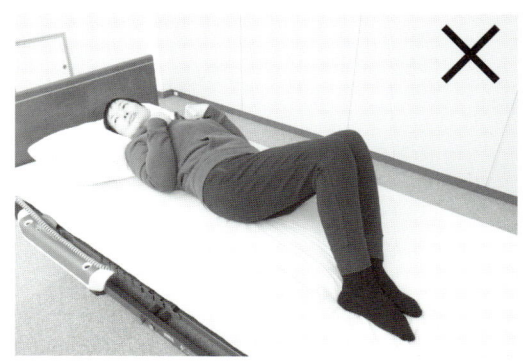

このような姿勢を取り続けていると、背中側の筋が緊張し、短縮を起こして拘縮をますます進める

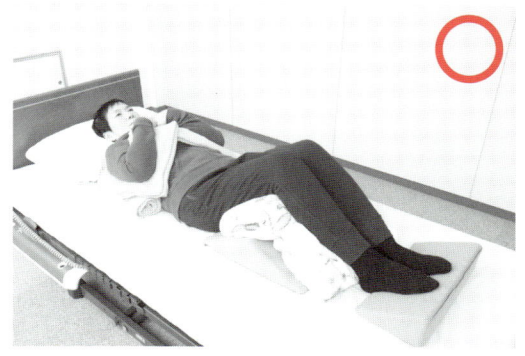

ベッドと体との隙間を埋めていき、筋の緊張を低下させる

第1章
状態別アプローチ法

本章では、疾患や、機能障害のある要介護者に対して、
基本の介護技術をうまく活用して介助できないという介護職に向けて、
在宅や施設でよくみかける疾患や症状の知識を深めてもらい、
基本の介護技術を活かした介護の対応方法を解説します。

第1章
介助を困難にするもの

介助を困難にしている点はなに？

本章で述べる状態にある人は、介助を困難にしている点として、以下の共通項があります。状態は様々でも、以下の項目を意識して介助すれば、介助は楽になるはずです。

●寝返り〜起き上がり〜端座位
「肩甲骨が内側に入っている」
なぜ肩甲骨が内側に入ると介助しにくいの？

次の動作への重心移動ができないからです。例えば、寝返りの時に必要な回転がしにくくなりますし、介護者も介助する時に一層の力を要します。また、肩甲骨が内側に入り込んでいると寝返りをした時に下側になるほうの上肢がつぶれやすくなり、痛みが出現することもあります。よく介助場面で要介護者の腕を胸の上で組んだりしますが、それは前述のような理由から、肩甲骨を外側に出す（前方突出）ことにつながっているのです。

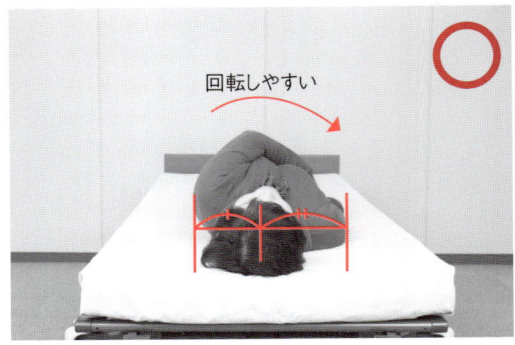

肩甲骨が外側に出ている状態

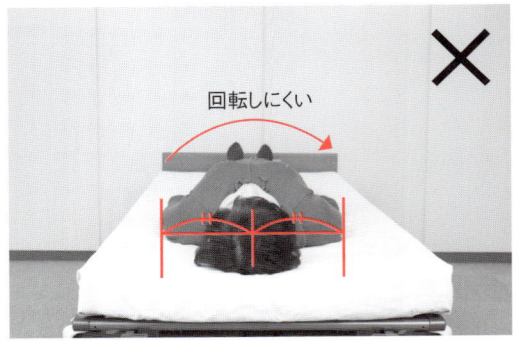

肩甲骨が内側に入っている状態

「膝が曲がらない」
なぜ膝が曲がらないと介助しにくいの？

下肢は身体の中でも重い部分です。膝が立てられる場合は膝を立て、膝が立てられない場合は下肢を重ね、支持基底面を狭くすると回転しやすくなります。ただし、大

腿骨頸部骨折術後で人工骨頭置換術を行った要介護者は、膝を立てて股関節が内側に入ると股関節脱臼の危険性があるので避けます。

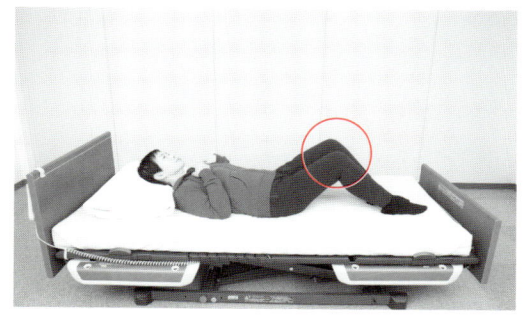
膝が曲がれば膝を曲げる

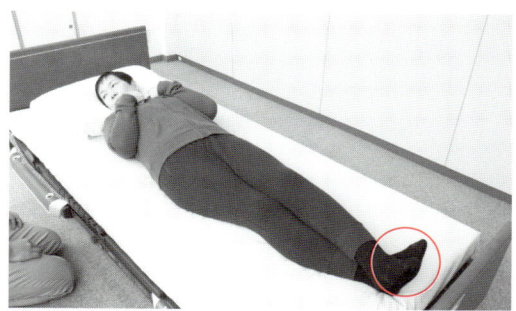
膝が曲がらなければ下肢を重ねる

「頸部がうしろへ傾き、あごが出ている」
なぜ頸部が後傾していると介助しにくいの？

腹筋が使いづらくなるため、自分で力を入れにくくなります。そのため介護者も介助する時に一層の力を必要とするからです。

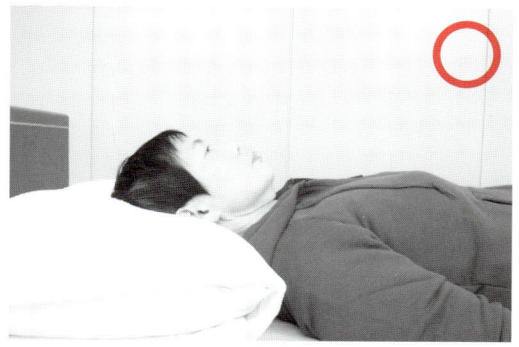
頸部が前傾している状態

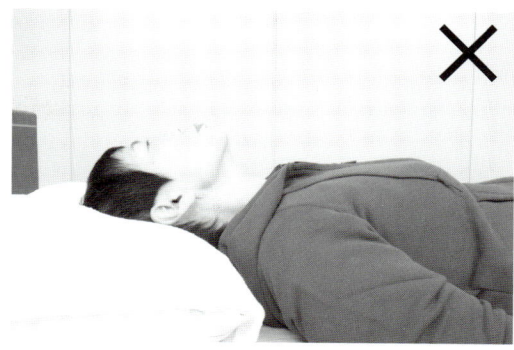
頸部が後傾している状態

「股関節が90度以上曲がらない」
なぜ股関節が曲がらないと介助しにくいの？

股関節が90度以上曲がらないと、足が座面にのっている部分が少なくなります。このような状態では、ひっくり返ったり、ずり落ちる危険性が高まります。

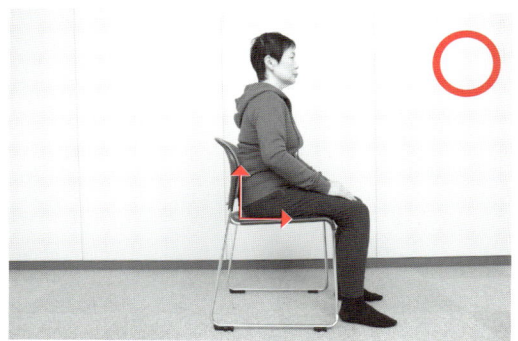
股関節が90度以上曲がっている状態

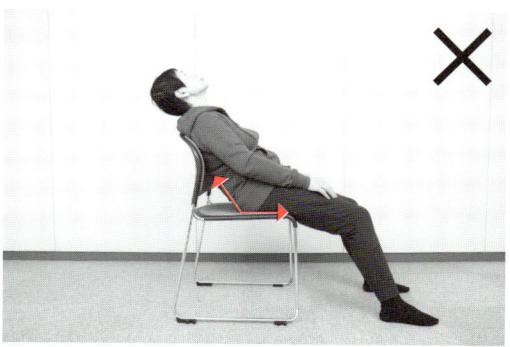
股関節が90度以上曲がらない状態

●立ち上がり

「前傾姿勢がとれない」

なぜ前傾姿勢が必要なの？

両足部の支持基底面内に重心の中心点（圧中心点）がないと、立ち上がろうとする時に上方への重心移動がうまくいかず、後方に転倒する危険性が高まるからです。頸部が前屈できなかったり、両足をうしろに引けないと、前傾姿勢をとることが難しくなります。

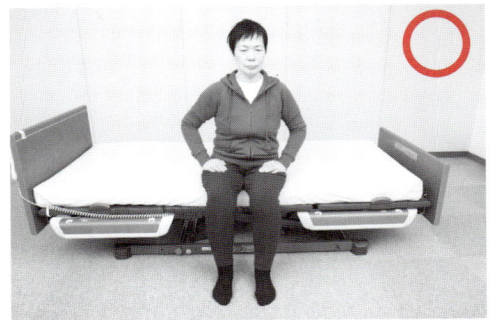

両膝が肩幅くらい開き、90度に曲がっている状態

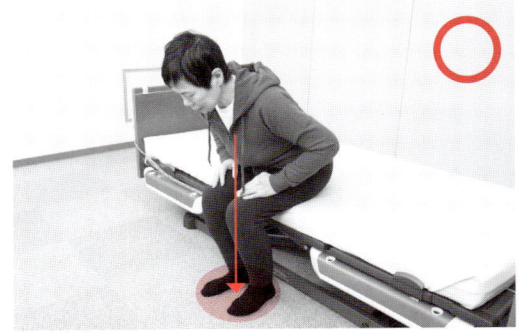

前傾姿勢がとれている状態

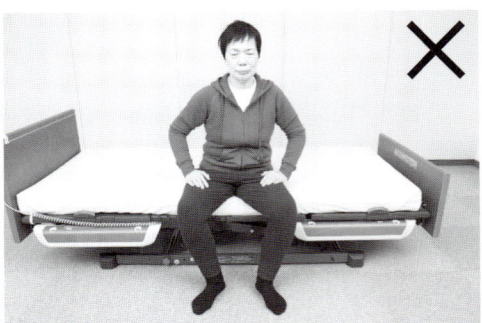

両膝が外側に開いている状態

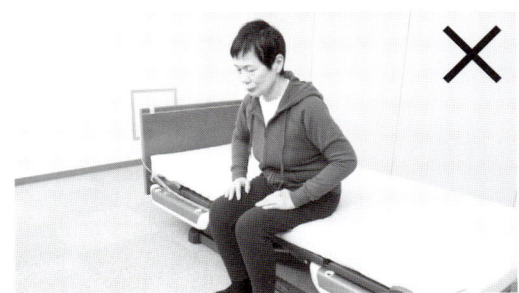

前傾姿勢がとれていない状態

「両膝が外に開いている」

なぜ膝が開いていると介助しにくいの？

立ち上がり時に筋力を発揮する姿勢は、膝が90度に曲がった状態（中間位）ですが、膝が開いた状態では下肢の力が逃げてしまい、介護者、要介護者ともにより多くの筋力を必要とするからです。

●移乗

「臀部が浮かない」

なぜ臀部が浮かないと介助しにくいの？

臀部（お尻）は、身体の中で重い部位です。そのために、臀部の圧がとれなければ前傾姿勢がとれずに、次の移動がしにくくなります。その場合はトランスファーボードを使用したりします。

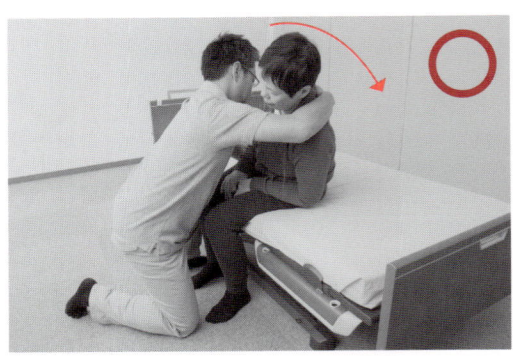

臀部が浮くと動かしやすい（要介護者を側方へ傾けて臀部を浮かす）

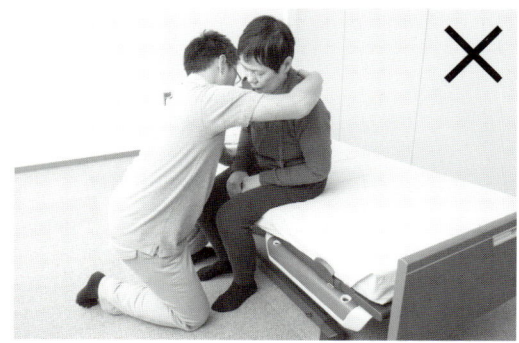
臀部が浮かないと動かしにくい

●手の当て方
「痛みを与えている」
なぜ痛みを与えてしまうの？
　要介護者の身体に触れる時は不快感を与えないことが原則です。つまんだりすると痛みを伴うこともあり、筋緊張を高めてしまいます。また手先だけで介助するとさらに重みが加わって、介護者にとっても負担がかかります。

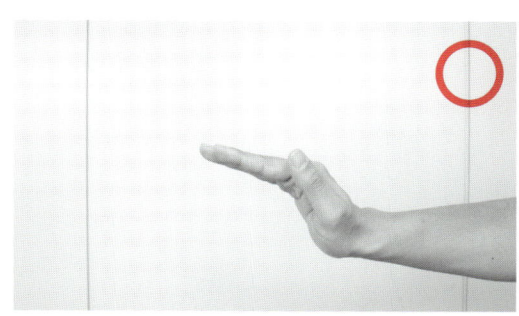
やさしい当て方

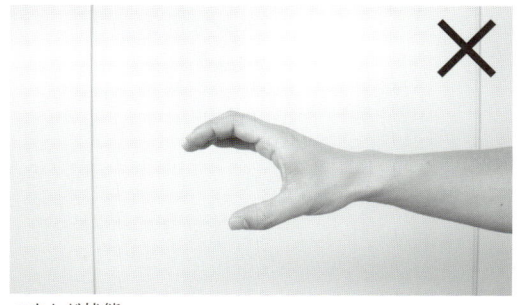
つまんだ状態

　もう一つの原則は、骨のでているところ（骨突出部位）に手を当てるということです。なぜなら、骨突出部位に触れて介助すると、要介護者へ力が直接伝わって、少ない力で要介護者を動かすことができます。それ以外の部位では皮膚と筋肉がずれて直接的な力が伝わらないために、更に力を要します。また、せっかく「やさしい当て方」に配慮していても、気がつけば「つまんだ状態」になっており、介護者の指先で皮膚を傷つけてしまうこともあります。

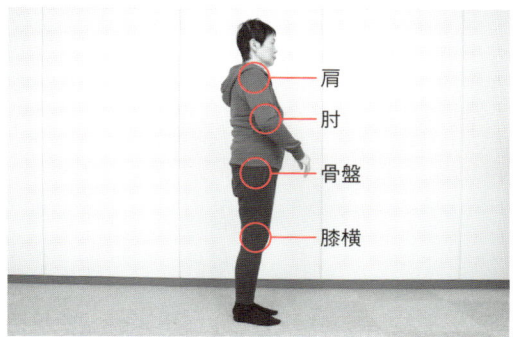
骨突出部位に手を当てる

介助を始める前に

　介助の手順は、「これから何をするのかを伝える」ことから始まり、「体調等の確認をする」ことで終わります。それは、介助するにあたって要介護者に心構えをしてもらい、協力を得ることで、双方が楽に介助でき、要介護者のできる動作を維持させることにもつながるからです。介助方法の記述では以上の観点を省いて解説していますが、実際の介助では大切なことですので、必ず実施してください。

第1節 拘縮のある人へのアプローチ

1 拘縮が起こる要因

拘縮とは

拘縮の代表的なものは、①皮膚性拘縮、②結合組織性拘縮、③神経因性拘縮、④筋性拘縮、⑤関節性拘縮の5つがあります。皮膚性拘縮は、火傷や手術切開部の皮膚の引きつれ等で関節可動域の制限が起こり、その制限から発生する拘縮です。結合組織性拘縮は、皮下組織や腱、腱膜の原因に由来する拘縮です。筋膜に由来するものもこれに含まれます。神経因性拘縮は、神経を原因とするものです。神経の興奮で筋緊張が亢進して拘縮が発生したり、逆に神経の遮断によるものも含まれます。脳卒中片麻痺でみられる筋緊張亢進に伴うものや、強い疼痛による逃避姿勢から起こるものがこれに当たります。筋性拘縮は筋の短縮や萎縮、長期間の固定、骨格筋の阻血（そけつ）等によって起こります。長期間の寝たきりによる拘縮はこれに含まれます。関

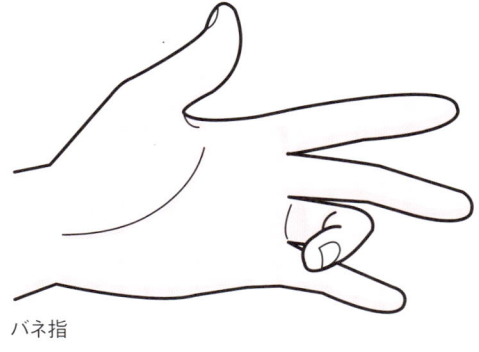

バネ指

フォルクマン拘縮

節性拘縮は関節構成体に属する滑膜や関節包、関節内靭帯等に由来する拘縮です。

なお、よく相談を受ける内容として、要介護者の指の変形からくる拘縮があります。バネ指や Volkmann（フォルクマン）拘縮、Dupuytren（デュピュイトラン）拘縮と呼ばれるものですが、これらは整形外科的治療を要しますので、専門の医療機関を受診すべきでしょう。

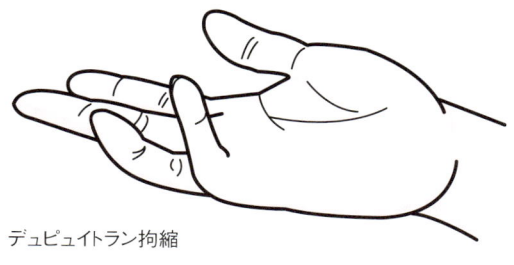

デュピュイトラン拘縮

高齢で障害のある人に多い筋緊張性の筋性拘縮

高齢で障害のある人が拘縮になりやすい原因としては、筋緊張性の筋性拘縮が多くみられます。一日数回、関節を曲げ伸ばししても拘縮の予防には限界がありますので、普段の介助の中でも特に筋緊張が亢進しないように対応していくことが大切です。

最初に取り組むべきことは、要介護者の関節を動かす時にゆっくりと、できるだけ痛みを伴わないようにするのが重要です。早く動かしたり、痛みを引き起こすと、反射的に筋緊張が亢進してしまうからです。業務に追われているから早く済ませようとして関節も早く動かしてしまうと拘縮を進行させてしまうので、ゆっくり動かすようにしましょう。

次に取り組むべきは、姿勢（ポジショニング）です。姿勢を正しくすることによって、普段から筋緊張が亢進しない状況にすることです。多くの場合、寝たきりの要介護者は不良姿勢であるため、常に筋緊張が亢進している状態にあり、拘縮が進行してしまいます。姿勢については本書でも随所にでてきますので、参考にしてください。

また、次の「介助が困難になる点」でも詳しく解説しますが、筋性拘縮の根本的な要因は「抗重力筋」の筋緊張亢進によるものです。そして、痛みは筋緊張亢進を助長させる要因です。痛みだけでなく、急な物音や、声かけをせず急に介助を行うこと等も、助長を促す要因になります。

例えば高齢者介護の分野では、急性期や生活期（慢性期や維持期）等に関係なく、心不全を有していることが多くあります。心不全がある場合、ベッドが平坦な状態で臥床していると、腹部内臓が胸郭を圧迫して横隔膜を押し上げ、息苦しさを誘発しやすくなります。その息苦しさが、筋緊張亢進を助長してしまうのです。要介護者の情報等で既往歴や現病歴に心不全がある時は、電動ベッドの頭部側を 10〜15 度ギャッチアップして横隔膜を下げるようにし、息苦しさが起きないようにします。また頭部をギャッチアップした時は、安定感がえられるように、両足底の全体を必ずクッション等で当てるようにします。

介助が困難になる点

「寝たきりで自ら動くことができない状態」で廃用症候群が起こり、全身の拘縮が進行した場合に、その多くは上肢・下肢が曲がってきて（屈曲）、頸部は後方に向いて（後屈）固まってきます。これは、人間の身体の仕組みとして「抗重力筋」が働くからです。私たちは地球上にいる限り、重力の影響を受けます。重力下のもとでは、人はその時の姿勢が崩れないように、無意識のうちに必要な筋肉の緊張を高めています。抗重力筋とは、重力に対して働いている、身体にある様々な筋肉の総称です。

例えば、立位は背筋と腹筋が重力に抗して働いている（抗重力筋として働いている）ために保たれる姿勢です。このように、人は姿勢を保持するために必要な筋緊張を高める仕組みがあるのです。仰臥位では、頭の先から足先まで床側（背中側）の筋全体が抗重力筋として作用し、筋緊張が亢進した状態になっています。寝たきりの状態で自ら動くことができない人は、ずっと仰臥位の姿勢でいることになり、その結果、背中側の筋緊張がずっと続くことによって筋が短縮し、全身に屈曲性の筋性拘縮を引き起こすのです。

また筋肉の特徴として、関節を急に動かされると筋肉も急に引き伸ばされ、筋肉は縮めようとする反射がでてしまい（短縮）、拘縮につながります。逆にゆっくりと関節を動かすと、筋肉は緩もうとする反射がでます。普段のケアから要介護者の関節をゆっくりと動かすように前述したのは、これが理由です。起居・移乗等のケアでもゆっくり行うことが大切です。関節を早く動かすような介助は、拘縮の進行を助長してしまいます。

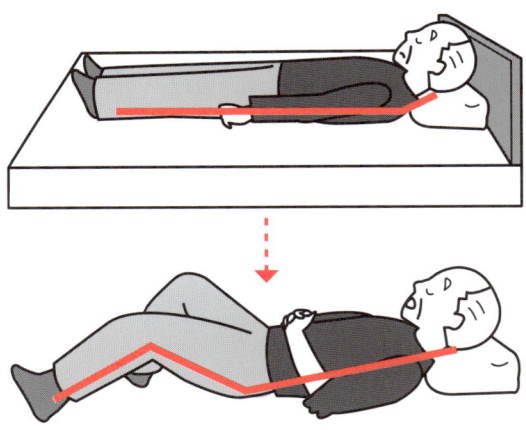

同じ姿勢は特定の抗重力筋のみが活性化し、抗重力筋が働いている筋が短縮しやすくなり、拘縮を引き起こす

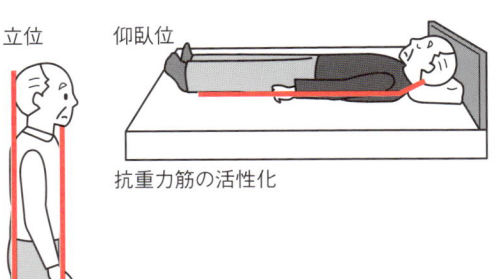

立位　仰臥位

抗重力筋の活性化

━━━ ＝抗重力筋として活性化している筋群

そして、要介護者の身体に触れる時も決してつかんだりはせずに、やさしく触れるように心がけてください。

拘縮のある要介護者へのアプローチでは、更衣介助や排泄介助が行いにくいともいわれます。理由としては脇や下肢が開かないことが挙げられますが、それだけではありません。寝たきりの状態で拘縮が進行し、筋性拘縮で全身屈曲傾向にある要介護者の場合、その多くは頸部が後屈し、両側の肩甲骨が内転しているのをみかけます。

更衣や排泄の介助を行う前段階として寝返りや起き上がりの介助が必要となりますが、寝返ったあとに上側になる肩甲骨が内転位の状態だと、転がるための重心移動が行いにくくなります。

更に更衣や排泄の介助で介護者が負担に感じる要因は、要介護者がしっかり90度まで横向きになる側臥位がとれないためです。そのため、要介護者の側臥位姿勢が崩れるのを支える必要性が生じ、片方の腕で要介護者を支えながら更衣や排泄の介助を行わなくてはならないために困難になるのです。要介護者は、寝返り時に下側になる上肢が体幹に挟まれて90度の側臥位がとりづらくなっているので、寝返り介助前に下側になる上肢を少し外側に開いてから介助すると、負担が軽減されるでしょう。

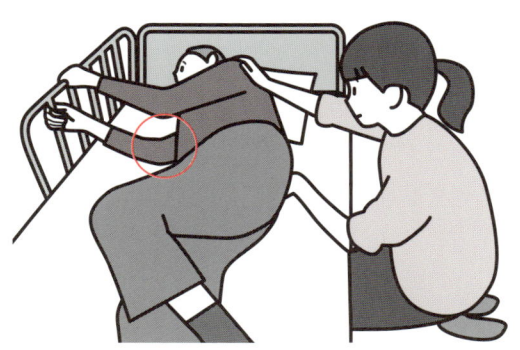

下側の腕が体幹に挟まれて寝返りが途中で止まり、介護者は手を離せない

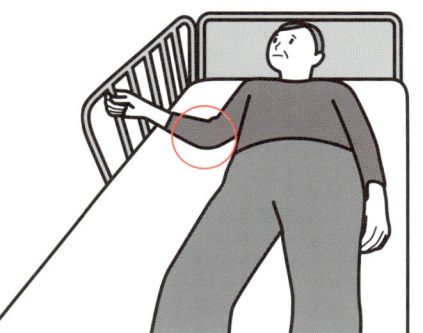

腕がつぶれない程度に外側へ開いてから寝返り介助を行えば、側臥位でも身体は安定する

2 アプローチ法

要介護モデル
長らく寝たきりが続いた結果、下肢が拘縮し、両膝が曲がっている要介護者

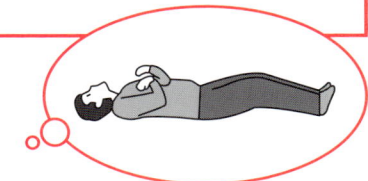

上方移動Ⅰ　介助方法

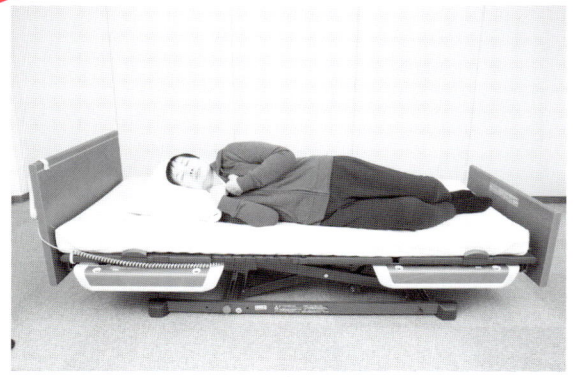

❶ 寝返り介助を行い、側臥位にする（28頁参照）。

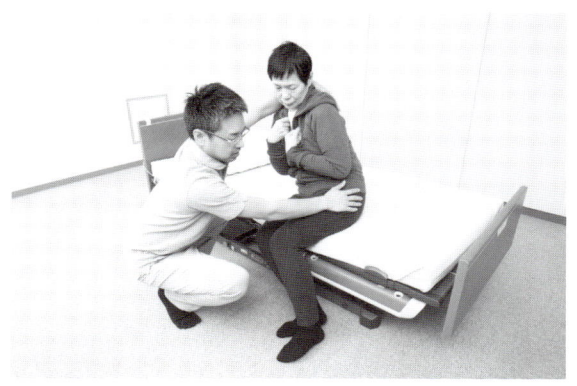

❷ 起き上がり介助を行い、端座位にする（30頁参照）。

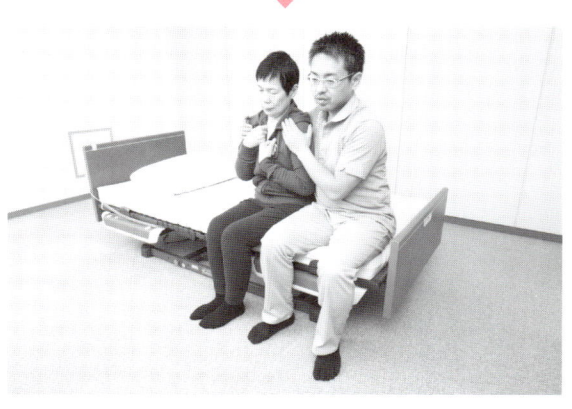

❸ 要介護者の側方に腰かけ、両肩をしっかり把持して支える。

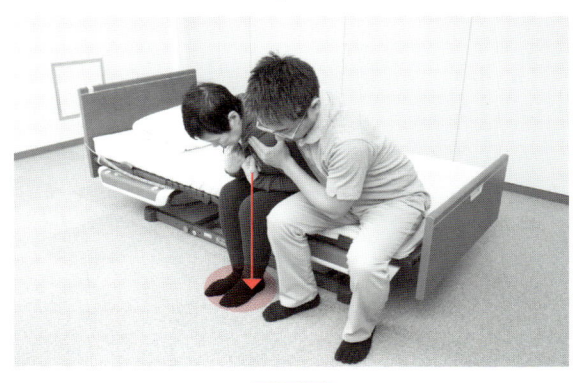

❹要介護者の体幹を前傾させ、上半身の圧中心点を両足部の支持基底面内に移動させる。

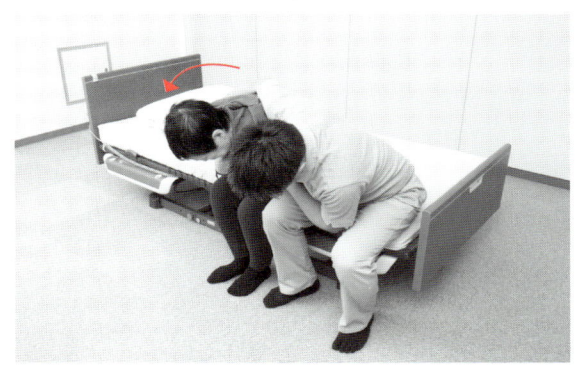

❺少し頭部を前下方に下げるように誘導し、要介護者の臀部を浮かせる。

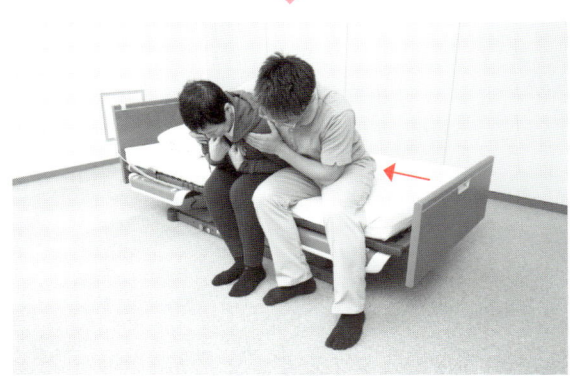

❻要介護者の臀部が浮いたら介護者の腰で要介護者の骨盤横を押し、ベッド上方に移動する。

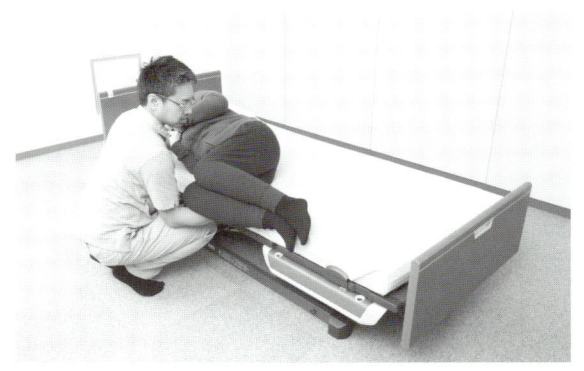

❼上半身を側方に傾け下肢をマットレスへ上げて側臥位にし、下肢→肩の順に向こう側に倒して仰臥位にする。

上方移動Ⅱ　介助方法〜スライディングシートを使って

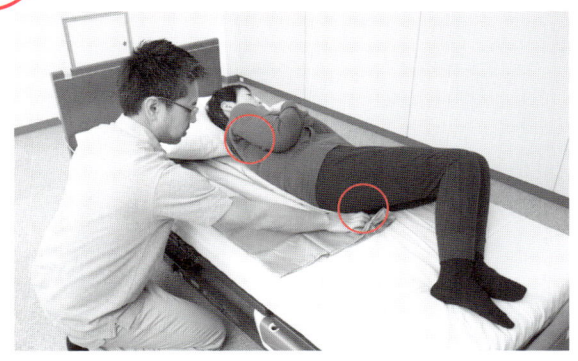

❶要介護者を反対側に傾け、枕と臀部の下までシートを差し入れる。

❷要介護者の肩と骨盤を支えて身体を手前に寝返りさせ、向こう側にシートを引き出す。

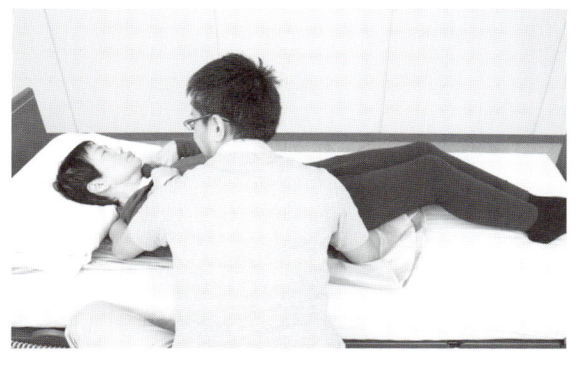

❸介護者は一方の上肢を頸部に、もう一方の上肢を臀部に差し入れ、上方に引き上げる。

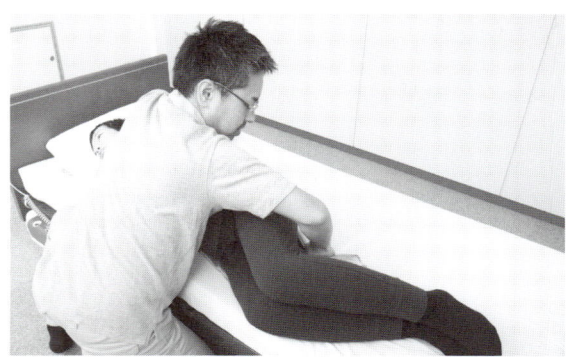

❹❷と同様に要介護者を手前に寝返りさせて、身体の下にシートを差し入れる。

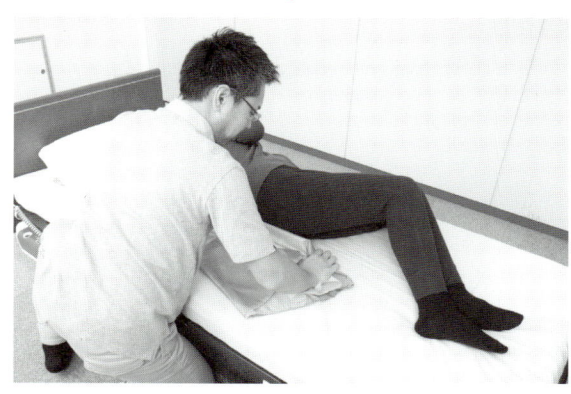

❺要介護者を反対側に傾け、シートを引き抜く。

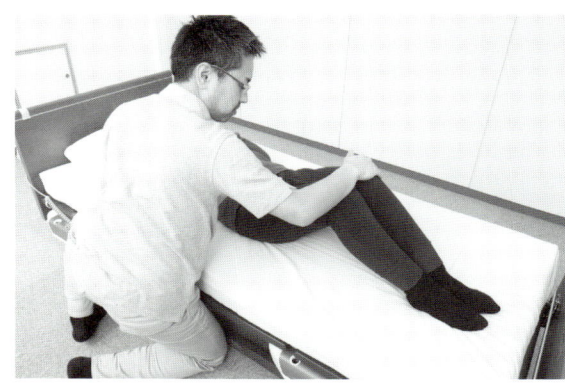

❻仰臥位に戻す。

Point Advice 拘縮＜上方移動＞

! ベッド上で起居動作の介助をする時は、身体とベッド面との間で起こる摩擦を軽減する用具として、スライディングシートがあります。スライディングシートは薄手の筒型、シートタイプ等様々な種類や大きさがあります。代替にポリプロピレンの袋等も活用できます。

! 要介護者を引き上げる時に介護者が前屈みになっていると腰に負担をかけることがありますので、介護者自身が介助しやすいベッドの高さに調整してもよいでしょう。

! スライディングシートを用いる場合は、身体で重い頭部、肩、臀部がのるようなサイズを用意します。

寝返り　介助方法

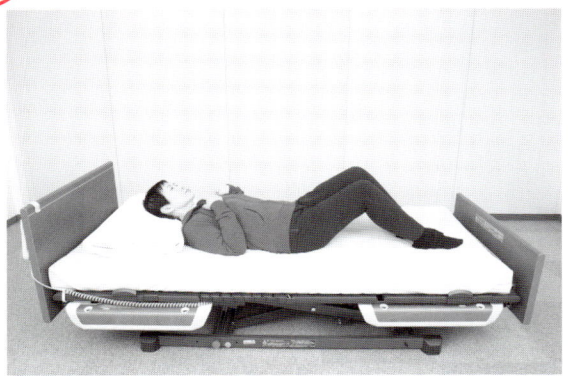

❶枕を使い、頸部を無理のない範囲で前屈させる。

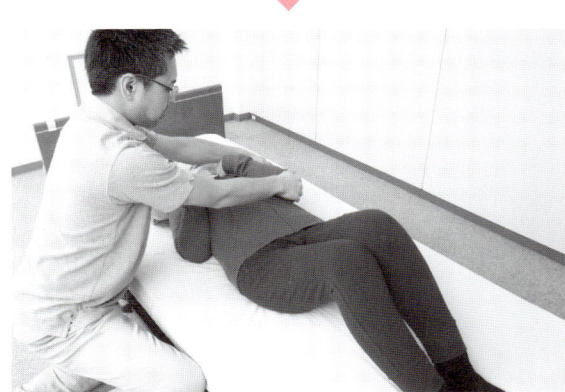

❷寝返る時に上側になる肩甲骨を前方突出させて、肩幅を狭くする（肩甲骨が後方に落ちてしまう時はタオルをロール状にし、肩甲骨とマットレスの間に挟み込み安定させる）。

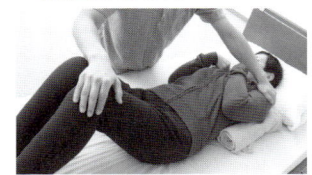

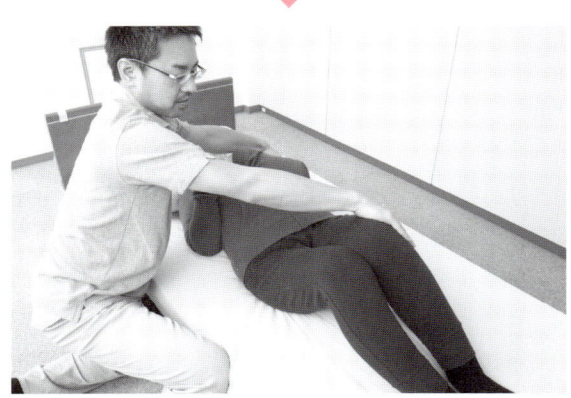

❸下肢が屈曲して拘縮が起きている時は、膝側方の骨突出部位を支える。

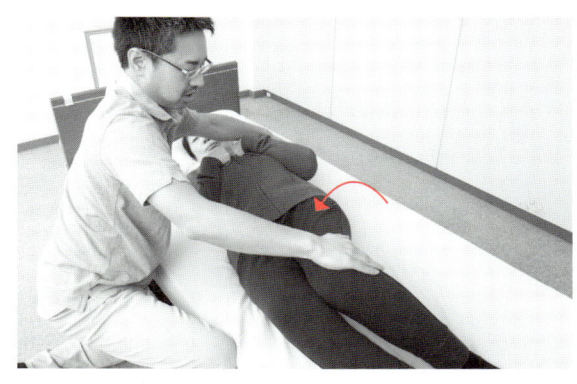

❹下肢のほうからゆっくりと手前に倒すようにする。

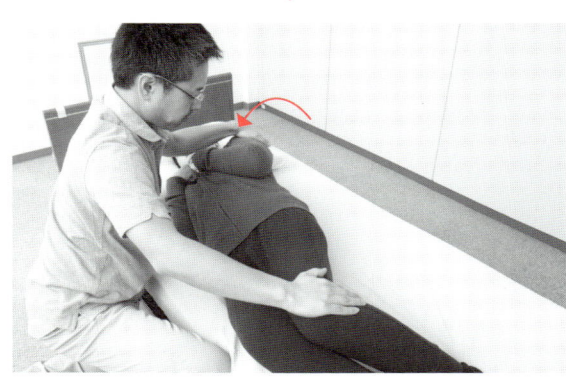

❺要介護者の肩が浮いてきたら、肩も手前に誘導する。

Point 拘縮＜寝返り＞ Advice

寝返りは、膝が曲がる場合は基本的に下肢→肩の順で行います。下肢を倒すことで肩が浮いて、倒しやすくなるからです。両下肢が伸展している時は、寝返ったあとに上側になる下肢を上にして両下肢を交差させて、肩→腰の順で寝返り介助を行います（80頁参照）。

手で支えるところは骨の突出している部位にします。

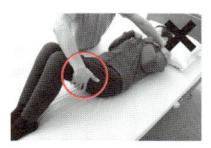

上半身と下半身を同時に倒している場面をみかけます。しかしこれは本来、寝返りの動きである「反回旋の立ち直り反応」を無視しているため、体幹を回旋させる機会が減り、反応が出現しにくくなります。腰痛がひどい、体幹のねじれで悪影響がある場合を除いては、避けたほうがよいでしょう。

反回旋の立ち直り反応

  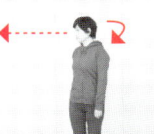  

人は正中位を保とうとする働きがある。視線が外れると、頸部、上部体幹、下部体幹と回旋し、正中位を保とうとする

起き上がり　介助方法

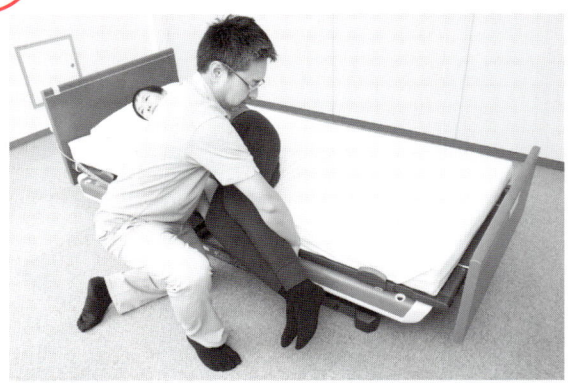

❶ 寝返り介助を行い側臥位にし（28頁参照）、無理のない範囲で胸の上に腕を組んでもらい、要介護者の両下肢をベッド端に下ろす。

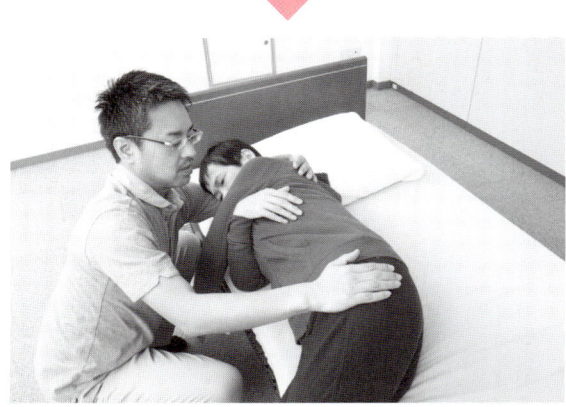

❷ 無理のない範囲で頸部の前屈を促し、介護者は肘関節内側で頭部を支える。

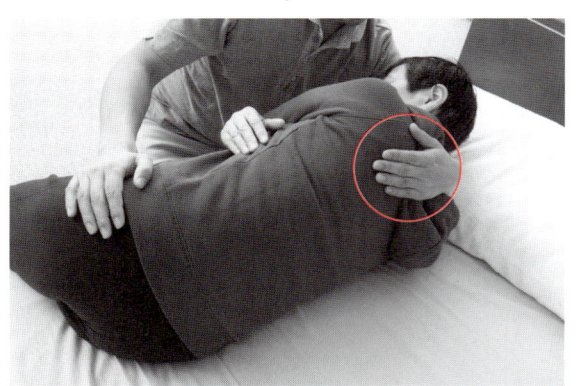

❸ 頭部を支えている上肢の手掌面で肩甲骨部分を支えて、肩甲骨を前方突出させる。もう一方の手掌面で骨盤を軽く支える。

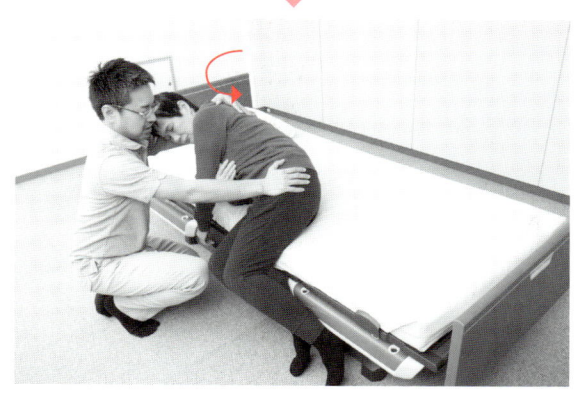

❹少し手前側に弧を描きながら、要介護者の上半身を起こす。

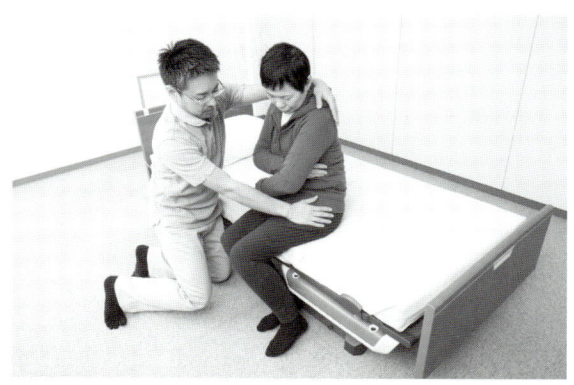

❺拘縮のある人の多くは座位保持が困難な場合があるので、次の介助がある時は倒れないように手で支えながら行う。

拘縮＜起き上がり＞ Point Advice

！ 拘縮のある人は痛みに敏感なため、要介護者の身体を手で支える時は「点」ではなく、「面」で支えることに配慮します。「面」で支えると体幹等をゆっくりと回旋させることができ、痛みの軽減につながります。

！ 仰臥位からの起き上がりは筋力を要するため、側臥位にしてから起き上がるようにします。

！ 特に頸部の前屈が少しでもできると、起き上がり介助は双方の負担が軽減します。そのため、普段から臥床時のポジショニングによって筋緊張の軽減を図っておくことが大切です。

！ 弧を描くように上体を起こすのは山登りに似ています。つまり直線で登れば距離は短くなりますが、瞬時にかかる負担が大きくなります。山登りで蛇行しながら登って行くのと同様に、弧を描くように起こすと、介護者にかかる負担は減ります。

第1章 状態別アプローチ法　第1節 拘縮のある人へのアプローチ

立ち上がり　介助方法

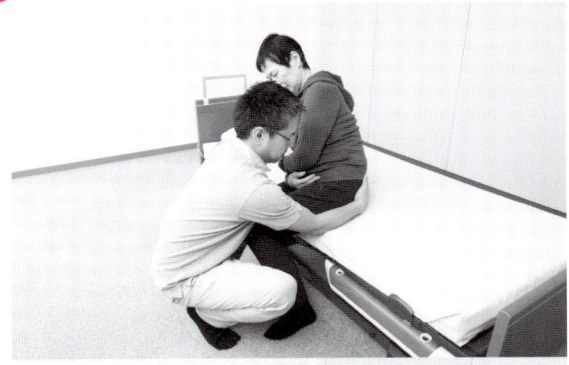

❶無理のない範囲で腕を組んでもらい、要介護者の身体を傾け、傾けたほうの反対側の臀部が浮いたら手掌面で腰部を支え、前へ出す。反対も同様にする。左右繰り返し、要介護者を浅く座らせる。

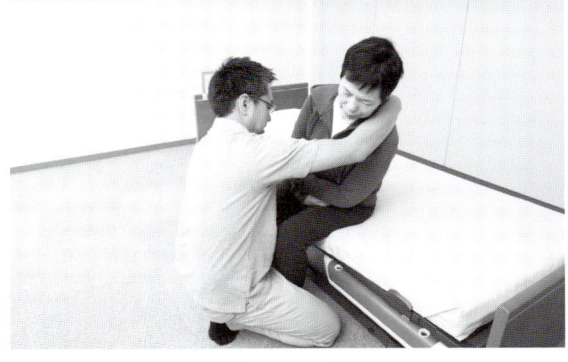

❷要介護者の両脇に上肢を入れ、要介護者の脇の負荷を軽減するために肩甲骨の下角（逆三角形の頂点で尖がっている部分）を下から支える。

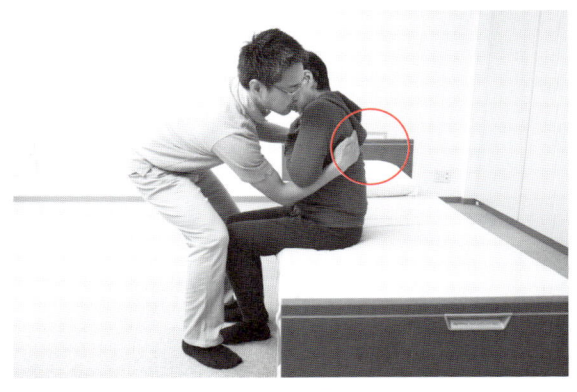

❸介護者の膝で要介護者の膝の外側を挟み込み、膝折れを防ぐ。

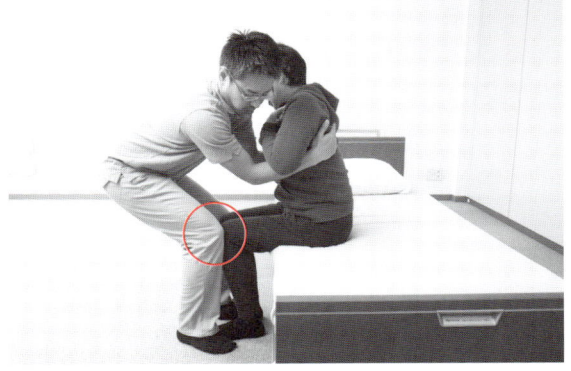

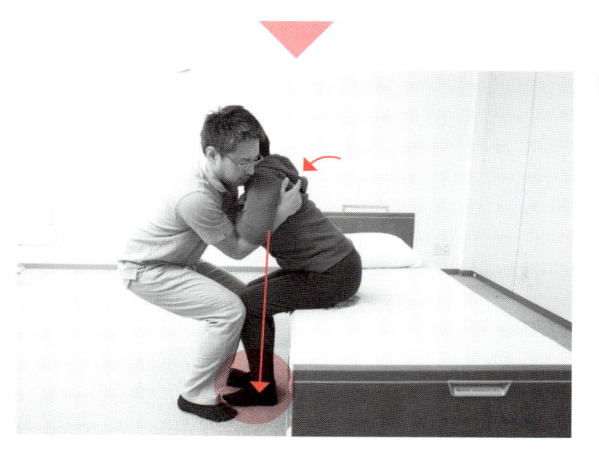

❹要介護者に足をうしろへ引いてもらって前傾姿勢にし、両足部の支持基底面内に圧中心点を移す。介護者は自分の腰を落とすようにして少し後方に体幹を動かし、要介護者が前屈するように誘導して立ち上がりを促す。

第1章 状態別アプローチ法　第1節 拘縮のある人へのアプローチ

Point Advice 拘縮＜立ち上がり＞

> 立ち上がり動作は大きく重心を移動させるため、バランスと筋力が必要になります。要介護者の下肢が拘縮している場合は、介護者の膝の固定が悪いと、要介護者の膝が前方へ崩れ、身体全体のバランスを崩します。そこで介護者は、両膝で要介護者の膝を挟むように固定します。介護者は固定した膝を支点に、要介護者の身体がうしろに反り返らないように注意しながら、立ち上がります。

> 要介護者の立ち上がりを促す時に、自分が軽く前傾して要介護者の臀部を浮かすようなイメージを持つとよいでしょう。また、要介護者の下顎が介護者の肩にのらないようにします。頸部が後屈してしまい、体幹の前傾が促しにくくなるからです。膝の屈曲拘縮が強い場合は、立ち上がり介助そのものが適応しないでしょう。

移乗I　介助方法〜一方の下肢を大腿部にのせて行う方法（ベッド→車いす）

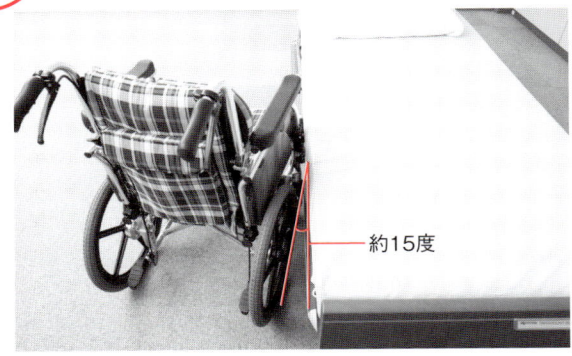

❶車いすはベッドから15度くらいのところにおく。

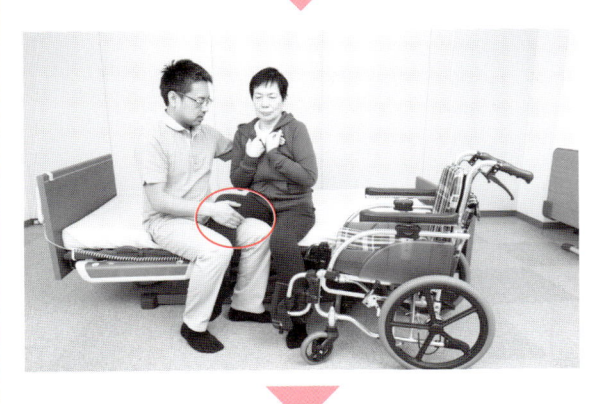

約15度

❷要介護者の側方に腰かけ、手前側の下肢のみ大腿部にのせる。

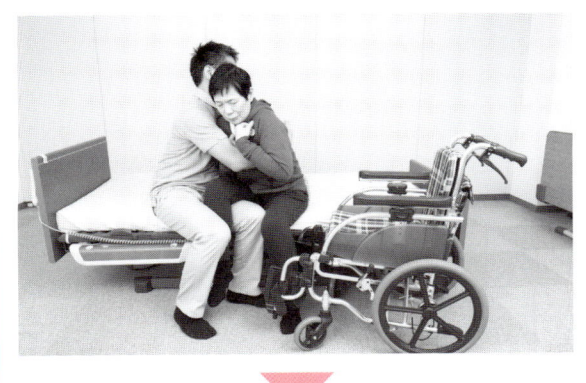

❸要介護者の両脇から上肢を差し入れて、手掌面で肩甲骨を支える。

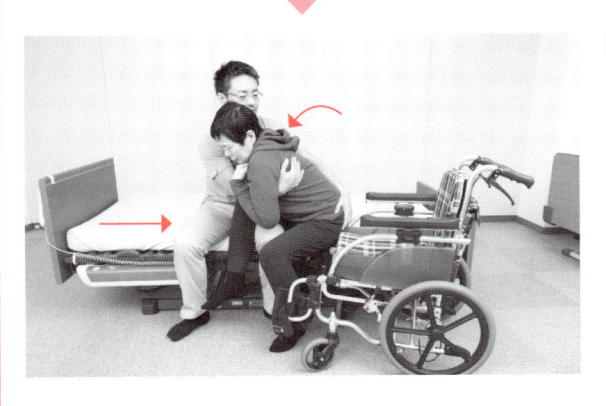

❹要介護者の体幹を前方へ傾け、臀部の圧を介助者の大腿部に移す。介護者は決して立ち上がらず、少し下肢に力を入れて自らの臀部の圧を少しだけ減らすようにし、マットレス上を滑って移動する。

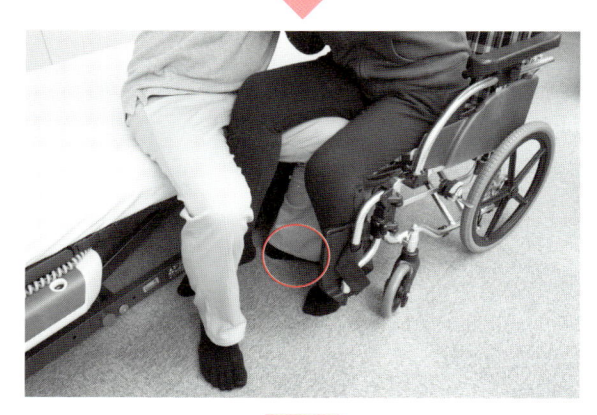

❺介護者は車いすに近いほうの足先を車いすへ向け、要介護者の身体の向きも変える。

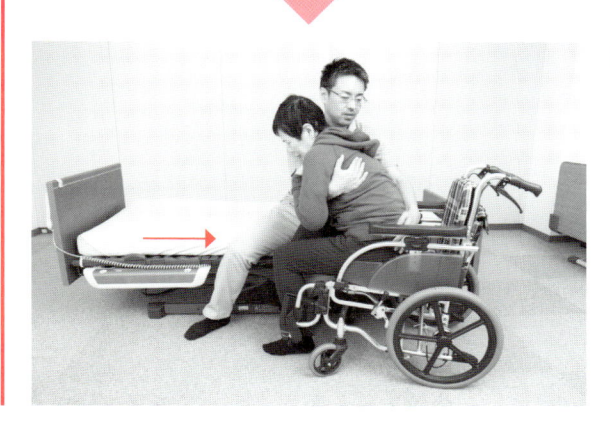

❻下肢に力を入れて前へ進み、要介護者を車いすへ移動させる。

移乗Ⅱ　介助方法〜一方の下肢を大腿部にのせて行う方法（車いす→ベッド）

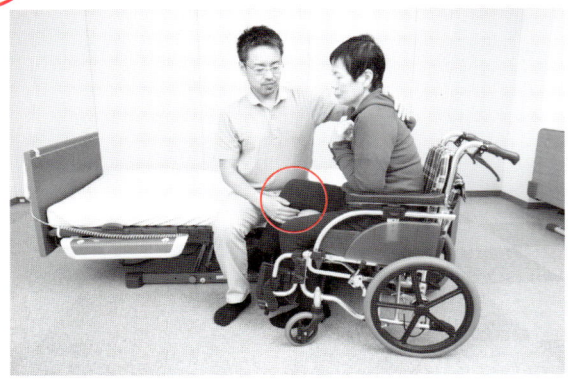

❶ 介護者はベッドに腰かけ、要介護者の手前側の下肢のみ大腿部にのせる。

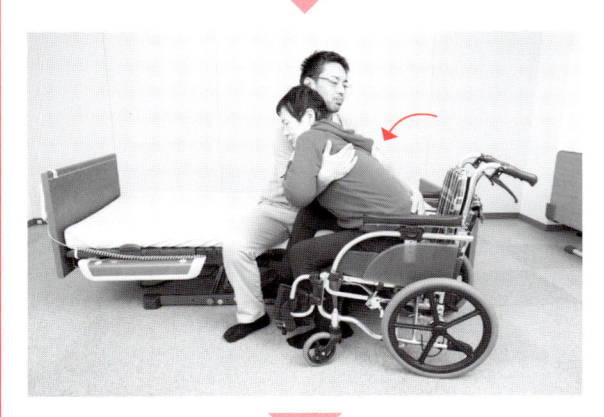

❷ 両脇から上肢を差し入れ、手掌面で肩甲骨を支える。要介護者の体幹を前方へ傾け、臀部の圧を介助者の大腿部に移す。

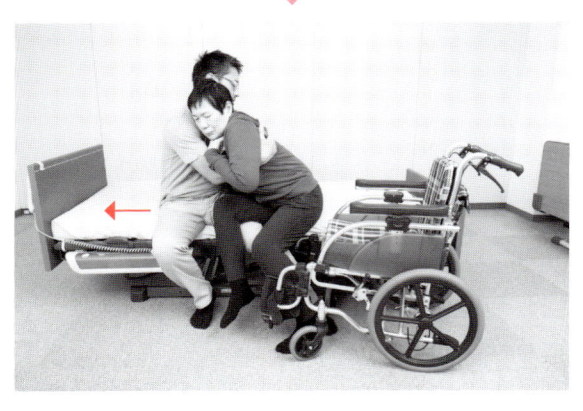

❸ 介護者は要介護者の向きを変える。座位姿勢のまま少し下肢に力を入れて、自らの臀部の圧を少しだけ減らすようにし、マットレス上を滑って移動し、座らせる。

移乗Ⅲ　介助方法～トランスファーボードを使って

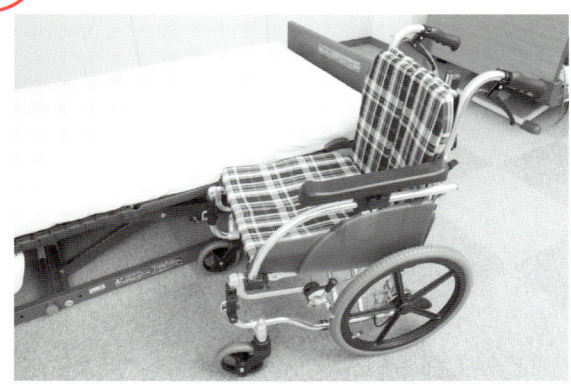

❶ 車いすを15度の角度でベッド端につけ、ベッド側のサイドガードを外す。

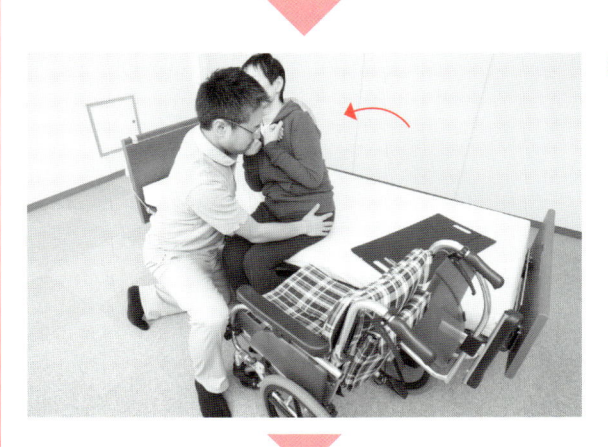

❷ 要介護者の体幹を車いすの反対側に傾ける。

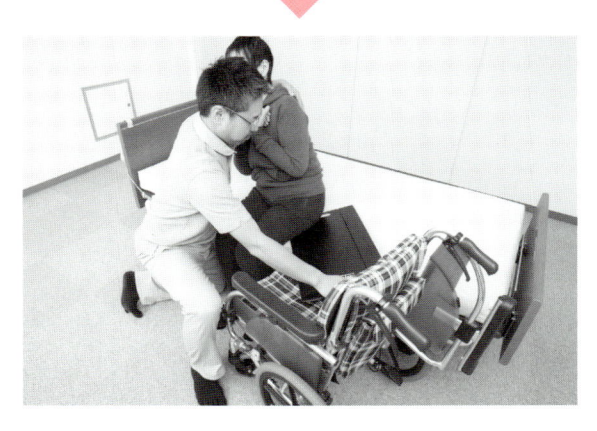

❸ トランスファーボードを要介護者の車いす側の臀部に差し込む。

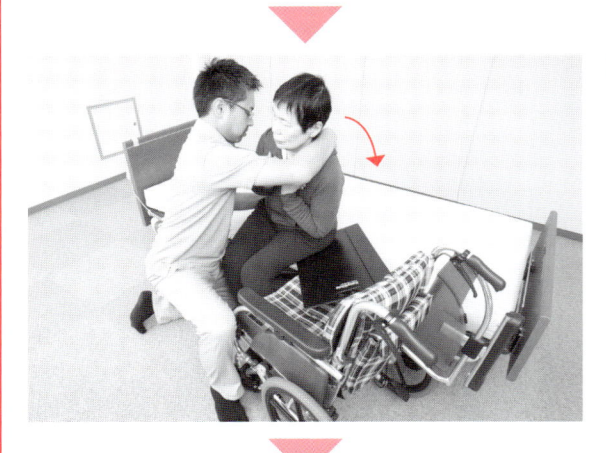

❹要介護者の車いす側の下肢を半歩ほど前方に出し、体幹を車いす側に傾ける。

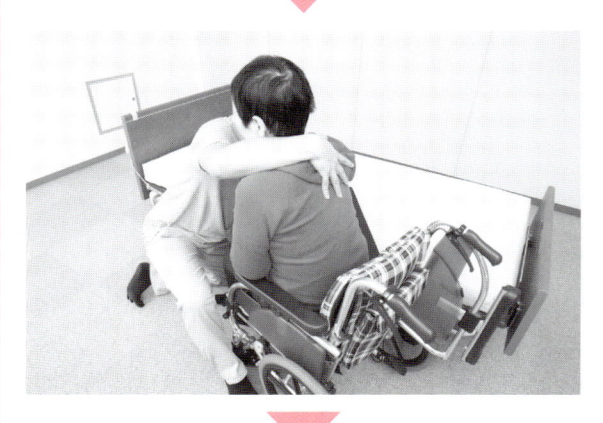

❺要介護者の車いす側は肩や脇を、反対側は骨盤を支え、ボード上を滑らせて、車いすに移動する。

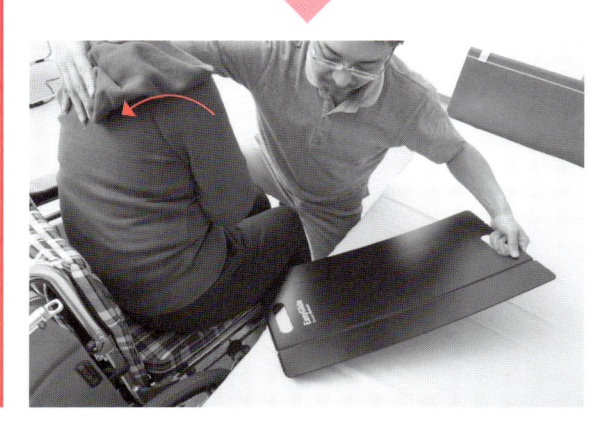

❻要介護者をベッドの反対側へ傾けて、臀部が浮いたらボードを差し抜く。

第1章 状態別アプローチ法　第1節 拘縮のある人へのアプローチ

Point 拘縮〈移乗〉 Advice

- 靴を履かせる場合は、端座位の時点で背中を片手で支えたり、要介護者にベッド用手すりにつかまってもらいながら履かせます。
- 拘縮のある要介護者の車いす移乗では、サイドガードやフットサポートの取り外しができる車いすがよいでしょう。現在はレンタルもあります。毎日のことですので、要介護者にあった車いす選びを行いましょう。

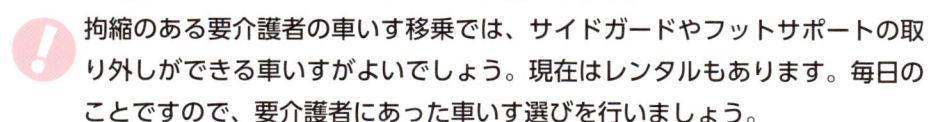

- 34～36頁で紹介している介助法は、いわゆる「スライド法」といわれているものですが、要介護者の両下肢を大腿部にのせて移動すると、両足が浮いた状態になり、不安定で恐怖を感じやすいため、片足だけのせて行っています。一方の足だけでも床につくことで、全身の筋緊張の亢進を軽減するからです。

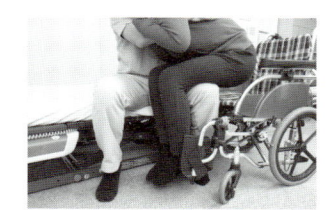

両下肢をのせるスライド法は筋緊張を高める

- 車いすのサイドガードが外せても、後輪の車輪が大きくて臀部にボードが差し込めない場合には、車いすに要介護者を浅く腰掛けさせてから行います。

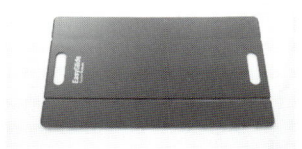

トランスファーボード

衣服の着脱Ⅰ　介助方法〜上着を脱ぐ

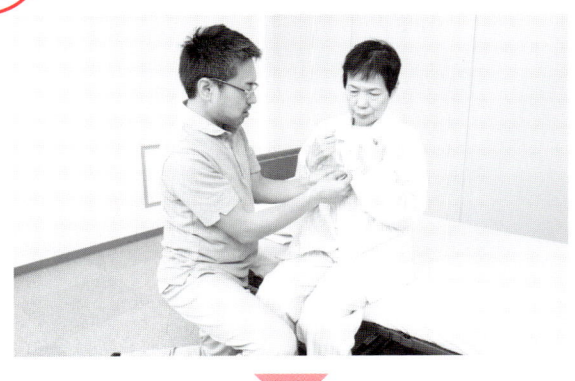

❶ ボタンは要介護者ができなければ介助する。

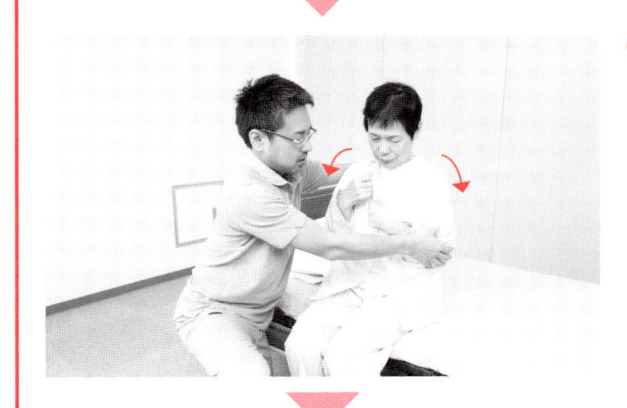

❷ 両肩を抜いて、できるだけ袖を下げる。

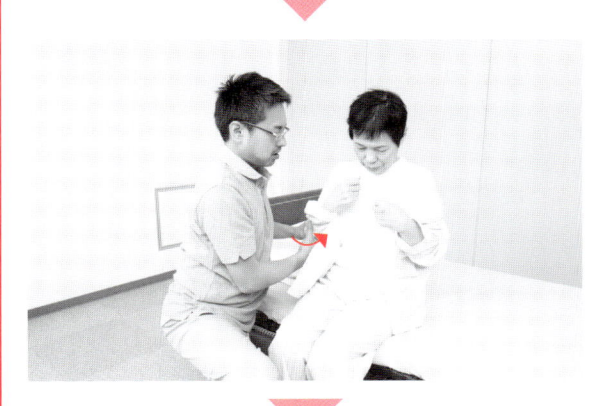

❸ 上肢を内転させ、抵抗感が強くなったら、ゆっくり反対に外転させると脇が開く。拘縮のない（弱い）ほうから脱ぐ（脱健着患）。

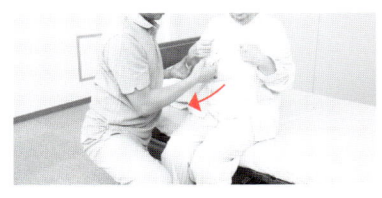

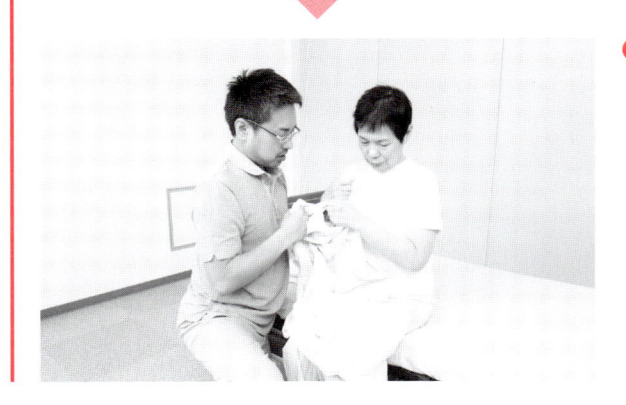

❹ 脇が開いたら、袖を抜いていく。反対側の上肢も同様にして、袖を抜いていく。

衣服の着脱Ⅱ　介助方法〜上着を着る

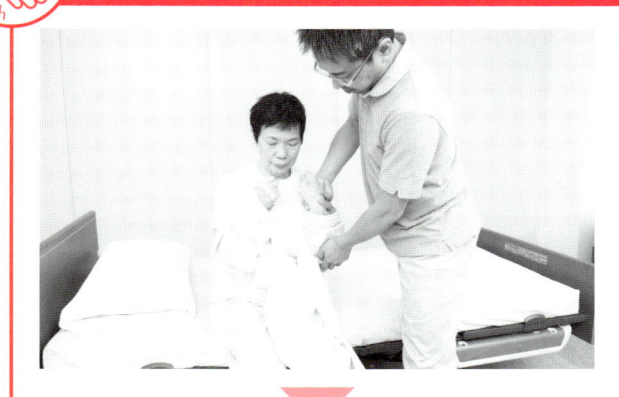

❶ 両方の袖をできるだけ通す。

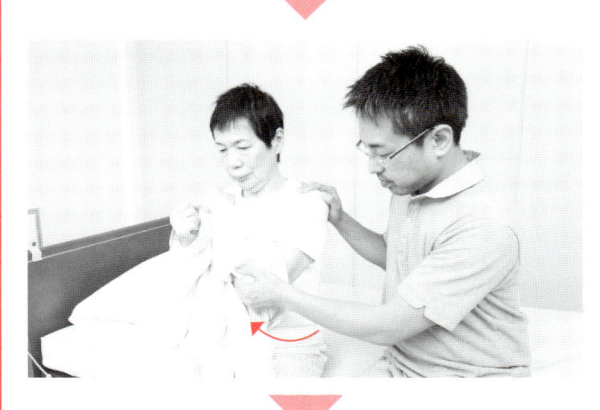

❷ 拘縮のある（強い）ほうから着る（脱健着患）。まずは上肢を内転させる。

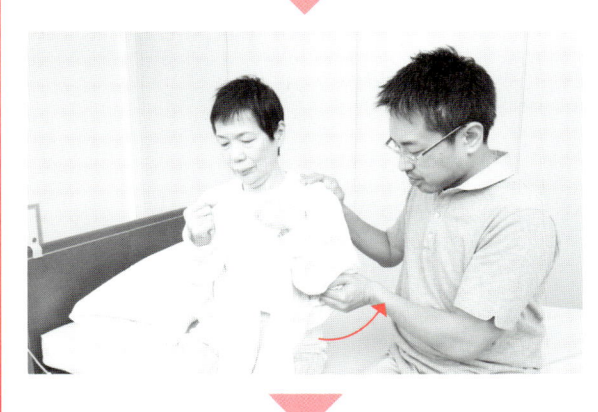

❸ 抵抗感が強くなったら、ゆっくり反対に外転させると脇が開く。

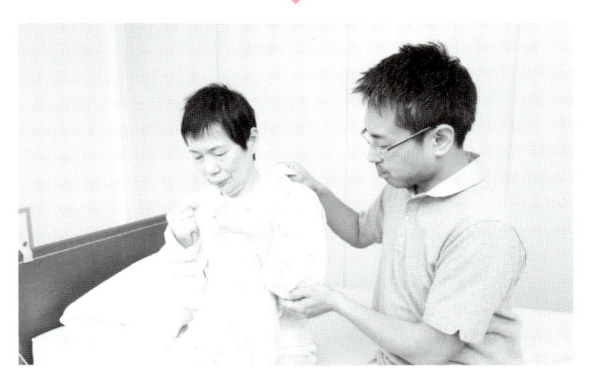

❹ 脇が開いたら、肩まで通していく。反対側の上肢も同様にして、袖を通していく。

第1章　状態別アプローチ法　第1節　拘縮のある人へのアプローチ

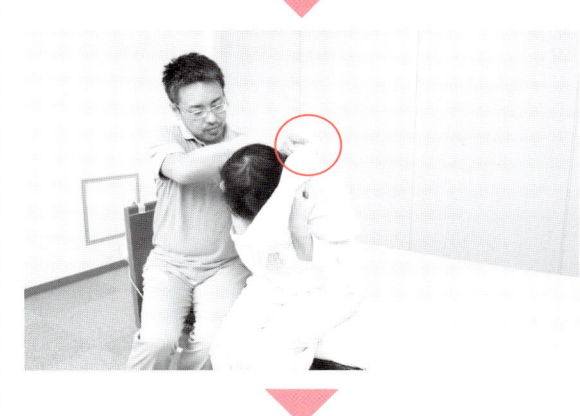

❺襟ぐりをまとめてもち、頭を下げてもらいながら首をくぐらせる。

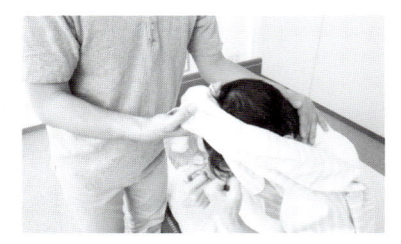

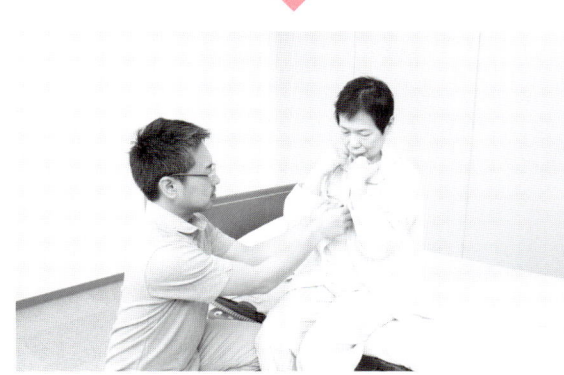

❻形を整え、ボタンはできなければ介助する。

衣服の着脱Ⅲ　介助方法～ズボンを脱ぐ

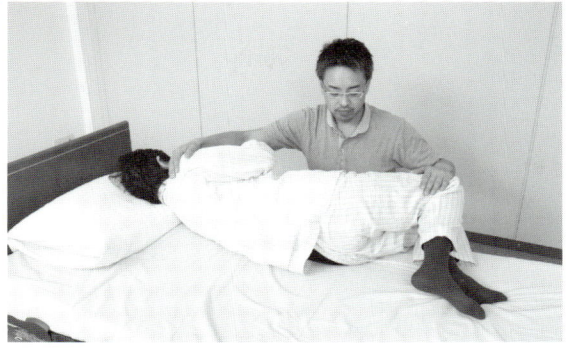

❶要介護者の肩と膝側面を手掌面で支え、下肢→肩の順に手前に倒し、側臥位にする。

❷可能な範囲でズボンを下げる。

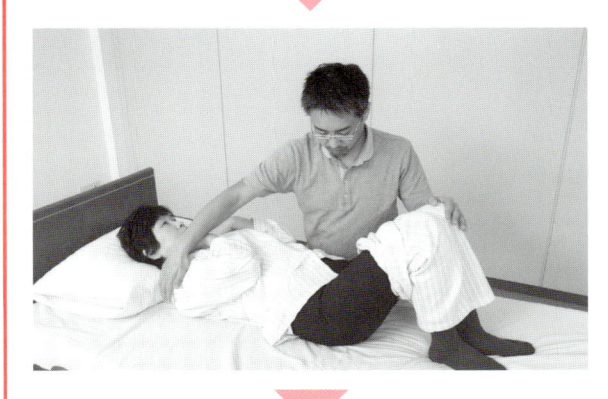

❸❶と同じように下肢→肩の順に、反対側に倒して仰臥位に戻す。

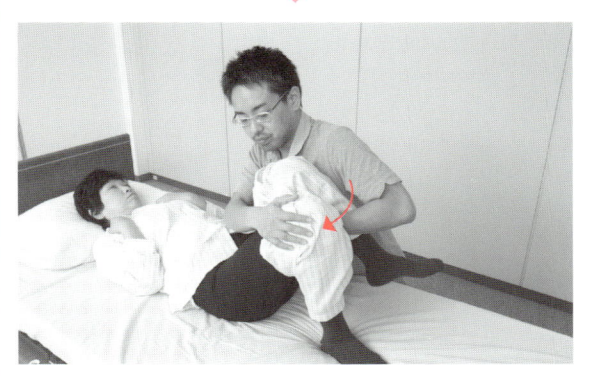

❹片方の足のふくらはぎ全体を持って内転させる。

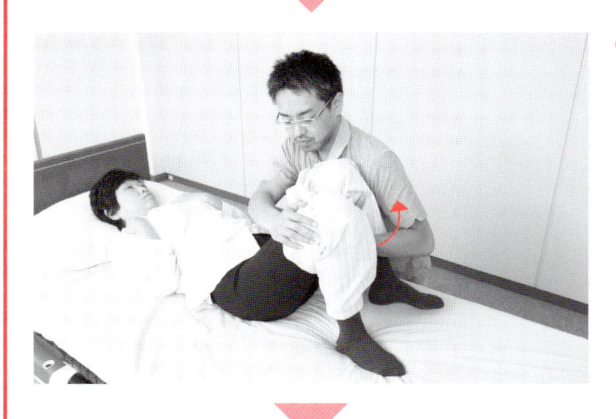

❺次に反対方向に外転させる。

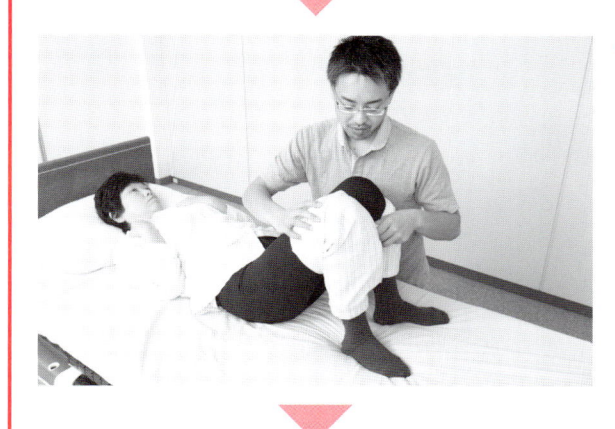

❻膝が開いてきたら、ズボンを下げていく。

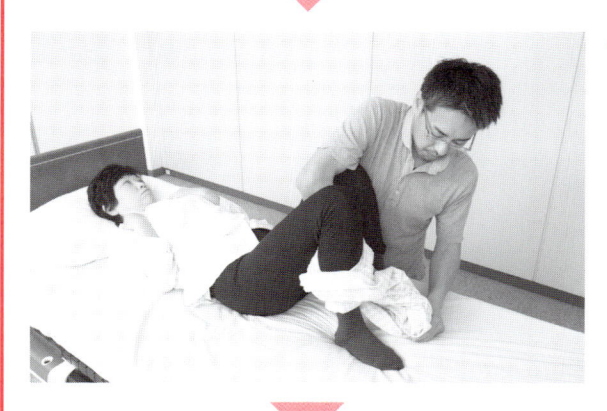

❼拘縮が弱いほうの足から脱がす（脱健着患）。

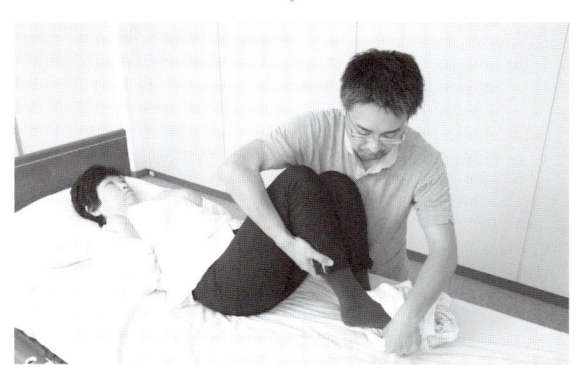

❽反対側の足も脱がす。

Point Advice　拘縮＜衣服の着脱＞

- かぶりものの上着でもドルマンなど脇が広いものは同様の手順で着られます。
- ベッド上で介助を行う場合は、自分のやりやすい高さにベッドの高さを調整してもよいですが、最後に戻すことを忘れないようにします。
- 痛みに配慮し、何度も身体を動かさないように介助します。
- 脱衣時は、袖を抜く時に反対の肩も下ろしておくと、肘の引っかかりを防ぎます（「衣服の着脱Ⅰ」の介助方法 ❷、40頁参照）。
- 衣服のしわは褥瘡や拘縮等につながりやすいため、介助の最後に注意します。

- 拘縮のある人は上肢や下肢の可動域が非常に狭く、介助を困難にしています。そこで筋肉を収縮している方向（この場合は内転）に動かすと、筋緊張が緩み、関節が動かしやすくなります。衣服の着脱やおむつ交換の介助で活用しましょう。

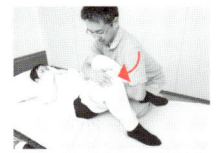

ふくらはぎ全体を支える ▶ 自分の身体を当てて膝を内転させる ▶ 手を持ちかえて外転させる

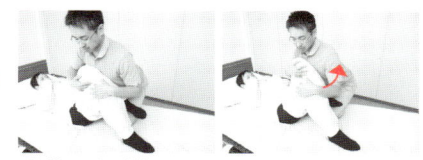

- ズボンの着脱介助時で下肢を支える時、手だけで持ち上げようとすると重く感じて負担がかかるだけでなく、要介護者の関節にも負担がかかり、骨折のリスクを高めてしまいます。前腕全体で抱えるように介助すると、負担は軽減できます。

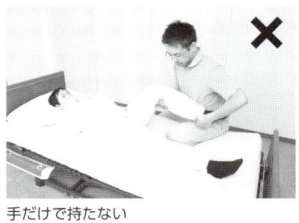

✕ 手だけで持たない　〇 前腕全体で持つ

第1章 状態別アプローチ法　第1節 拘縮のある人へのアプローチ

ポータブルトイレ　介助方法〜ズボンの着脱

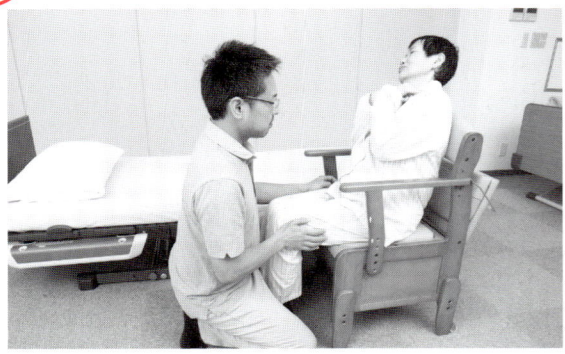

❶少し浅めの座位（端座位）にする（32頁参照）。

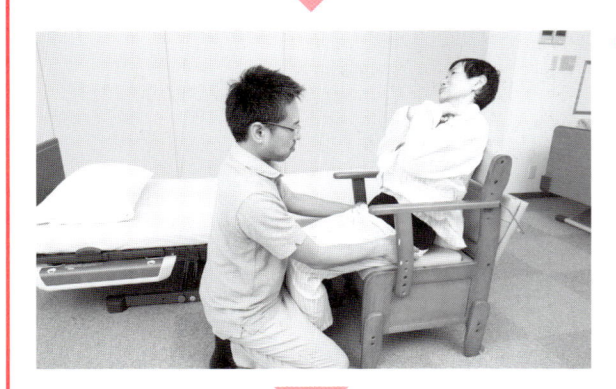

❷ズボンをできる範囲で下げる。

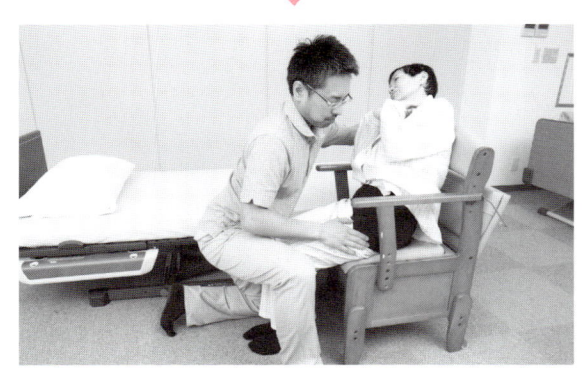

❸左右どちらかに体幹を傾け、傾けた側の反対側のズボンをできるだけ下げる。

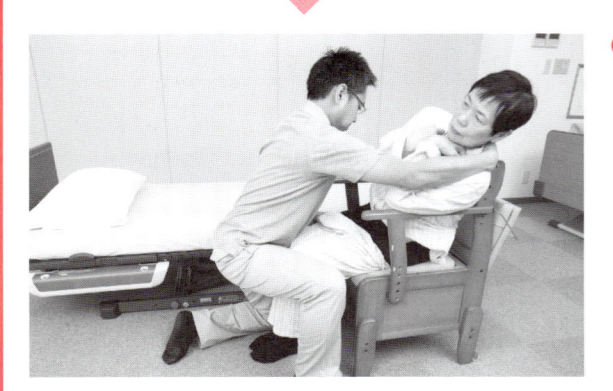

❹❸を繰り返し、両下肢を支えて膝下まで下げていく。

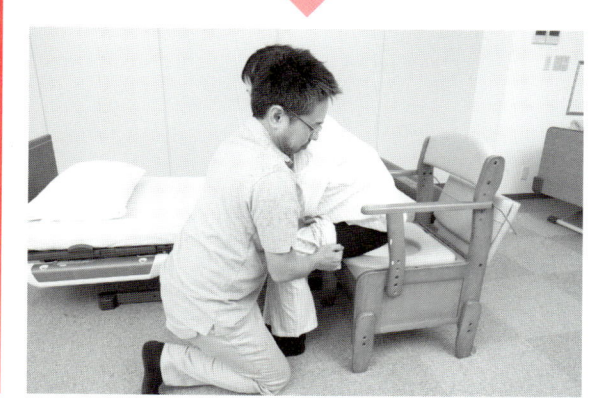

❺排泄が終わったら、同じように下着や下衣をあげていく。

第1章 状態別アプローチ法　第1節 拘縮のある人へのアプローチ

Point Advice　拘縮＜Pトイレ＞

- 排泄介助は最もプライバシーに配慮したいところです。要介護者をポータブルトイレの中央に座らせたら、バスタオルをかけます。ズボンの上げ下げも、バスタオルをかけたあとに行ってもよいでしょう。
- しっかりズボンを下げておかないと汚染されやすいので注意します。
- 臀部の清拭は、要介護者ができなければ介助方法❸を活用して行ってもいいでしょう。

- 夜間のポータブルトイレ使用は要介護者が覚醒していない場合も多いので、転倒等に注意し、介護者は近くで見守っていたほうがよいでしょう。
- 下肢の支持性がなく立位保持が難しい場合は、二人介助の適応と考えます。
- 自らの大腿部に要介護者の片足をのせてズボンを下げていく方法もあります。

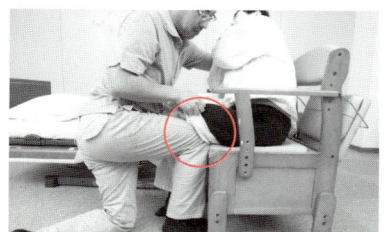

介護者の大腿部に要介護者の片足をのせながらズボンを下げる

column#1

神経性拘縮について

　筋性拘縮は、抗重力筋の影響を受けて筋緊張が亢進した筋を少し伸ばす（伸長する）姿勢をとることで軽減させることができます。それに対して神経性拘縮は、筋に原因があるのではなく、筋を支配する脳や神経等神経系の障害が原因となっています。現場でよくみられるのは、脳卒中の後遺症によるものです。

　脳卒中の後遺症の多くは、「痙性」と呼ばれる異常筋緊張の亢進がみられます。そして、特に健側の上肢や下肢に過剰な努力を要するような動作をとると、「連合反応」が出現します。

　片麻痺のある要介護者が立ち上がりや歩行時に下肢が突っ張ったり、上肢全体が屈曲傾向になり肘が曲がってきたり、手指が強く握り込むのはこのためです。これを改善するためのアプローチとしては、健側優位ではなく、たとえば立位時に患側のほうへ圧中心点を移動させる等して健側の負担を軽減させると、連合反応による麻痺側の異常な筋緊張を軽減できます。

　また股関節が内転気味で開きにくく、足首が下を向いて内側で固まっている（内反尖足状態）ために床にしっかり接地できないという人をみかけますが、これも座位時に健側優位の偏った姿勢が連合反応を引き起こしている場合が多いです。そのため、座位時も健側にたたんだバスタオル等を敷いて患側への重心移動を促し、健側の負担を減らすとよいでしょう。

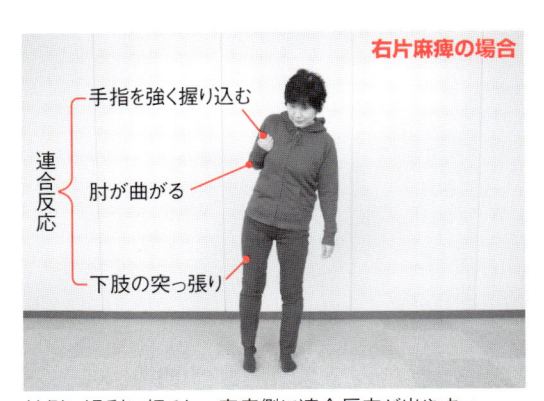

健側に過剰に頼ると、麻痺側に連合反応が出やすい

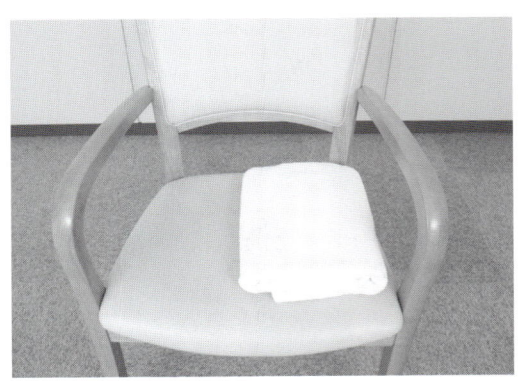

座位の時は、あえて健側にバスタオルを敷くなどして患側へ重心を移し、健側への負担を減らすとよい

column#2

指を開く

　指が開きにくいと不衛生になりやすいため無理矢理に開かせようとしてしまうことがあるかと思います。しかし、これでは指の腱を痛め、変形させてしまう場合が多いです。また時々「小指から伸ばすと開きやすいと習いました」という話を聞きます。しかし実際に自分でやってみていただくとわかりますが、強く握り込んでいる時に小指から伸ばすと、ものすごい痛みを伴います。これも指の腱を痛めて変形させてしまう原因となります。

　指を開くには、まず親指（母指）から伸ばしたほうが安全です。関節リウマチが原因のような指の変形をしている人をみかけますが、これはほとんどの場合、無理に指を伸ばし続けた結果です。

　指が開かない人に対しては、まず肩関節を前方に屈曲し腕を内側へ入れ、肩甲骨を外側へ移動するようにします。すると、上肢全体の筋緊張が緩みやすくなります。そして肘や指を無理に伸ばさずに、手関節を手掌面のほうへ曲げます（掌屈）。そうすると力が入っている指も伸びてきます。これは、伸ばすほうも曲げるほうもそれぞれ腱があり、その長さは決まっているため、手首も指も屈曲していると、伸ばすほう（伸展）の腱は限界まで引き延ばされているので、指を無理に開かなくても、その手首をさらに曲げることで伸ばそうとする側の腱によって引き戻そうとする力が働き、四本の指が自然に開いていくというわけです。

　そして次に親指（母指）を伸ばします。決して指先から伸ばそうとせずに、根元の母指球から開くと、緊張も緩み、安全に開くことができます。それから、ほかの指も開いていきます。

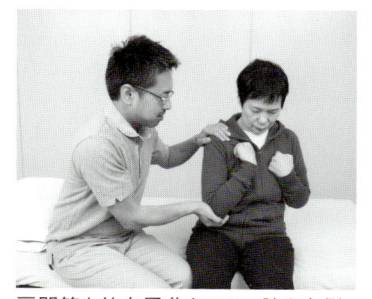

肩関節を前方屈曲させて、腕を内側へ入れる

掌屈（手首を曲げる）

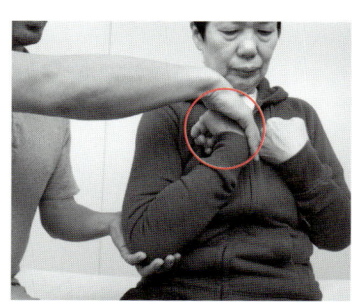

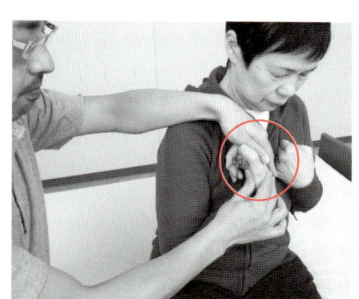

親指に隙間ができるので、親指の根本から開いていく

第2節 円背のある人へのアプローチ

1 円背が起こる要因

円背とは

　円背が発生する原因は様々ですが、若いころに発生するものと高齢になって起こる場合の原因はその多くが異なるため、対応も注意するところも当然違ってきます。

　高齢者の場合は加齢が原因で多くの椎体間の椎間板が変性したり、骨粗鬆症で多くの椎体が押しつぶされることによって起こります。また、尻もちをついたりして起こる胸腰椎圧迫骨折等も円背の原因になります。胸腰椎圧迫骨折は発生初期に強い痛みを伴いますが、しばらく安静にしていると、その多くは痛みが改善します。しかしこれは決して治っているというわけではなく、椎体がつぶれた状態で固定し、痛みが出現しなくなっているだけです。整形外科でコルセット等が処方されるのは脊椎を保護するためです。バランス能力の低下した高齢者が尻もちを繰り返していても、痛みがあまり強く出現しないために圧迫骨折に気づかず、円背が進んでしまっていたというケースもありますので注意しましょう。

　胸腰椎圧迫骨折の既往歴がある脊椎はつぶれた状態で固定されているだけなので、痛みはみられなくても完治したわけではありません。胸腰椎圧迫骨折のリハビリテーションでは、廃用症候群を起こさないために四肢の運動等を積極的に行わせますが、脊椎には負荷をかけないようにしながら、早く固定化されるように進めていきます。つまり、円背がある要介護者は、脊椎に過度な負荷をかけることを避けなければなりません。

　また円背が始まると、座位時に背もたれと背部がしっかり触れられず、背もたれと腰部の間に隙間が生じます。この状態が長く続くと腰部の筋緊張が高まり、円背は更に強まります。一度円背が始まると急に進行が進むのはそのためです。

介助が困難になる点

高齢者に発生する円背のほとんどは基礎疾患として骨粗鬆症であり、何らかの理由で胸腰椎圧迫骨折となったり、それを繰り返した結果です。つまり脊椎に過度な負荷をかけるような介助方法を避けないと、痛みの再発や増強があるので注意が必要です。

通常、寝返りや起き上がりにおける介助のポイントは、脊椎にねじれや傾きを促すことによって適切な重心移動を行い、負担のない介助を可能にしています。ところが、円背のある場合は痛みがある時は当然ですが、痛みがみられない時でも痛みの再発予防として、脊椎にねじれや傾きを起こさないような支援が必要なため、反回旋の立ち直り反応や円滑な重心移動が行いにくくなり、介助が困難になってきます。

円背では仰臥位の姿勢が難しい場合が多く、臥床時は常に左右どちらかの側臥位にならざるを得ません。問題は、体幹をある程度伸ばせないと、体位変換の途中の姿勢となる仰臥位ができないために、反対側への寝返り介助が困難になることです。

また、円背があるため腰部の筋緊張が亢進し(もしくは痛みも伴い)、立ち上がりや座り込む時に重要な体幹の深い前傾姿勢を行うことが難しくなります。そのため重心移動が適切に行えず、下肢に力が入りにくかったり、座る時は尻もちをつきやすくなってしまいます。

移乗や歩行時では、下肢の股関節・膝関節をしっかり伸ばして支持性を高めることが難しく、移動の途中で下肢の膝折れが起こり、転倒の危険性が高まります。そこで介護者はふらつきの支援だけでなく、膝折れを予想した支援も必要になり、介助をより困難にします。そのため、普段から円背の進行予防や腰部の筋緊張緩和をケアの中で取り入れていく必要があります。

高齢者施設では、下のイラストのようにソファーに座っているお年寄りをよくみかけます。ソファーの特性から、要介護者の下肢(大腿部と臀部)の長さ以上に奥行きが深いため、どんなに奥に座っても、腰背部と背もたれの間に隙間が生じやすく、一見リラックスしているようで、実は腰背部の筋緊張を高めてしまっていることが多くあります。そこで、背部全体に生じる隙間をクッションなどで埋めて腰背部を下から支え、筋緊張を緩める必要があります。

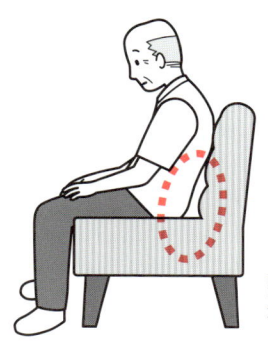

隙間ができて腰背部に負荷がかかっている

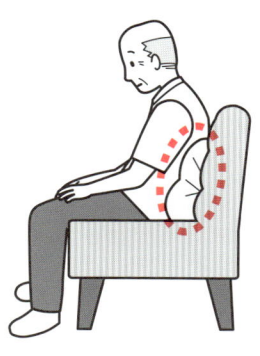

クッション等で下から支え、筋緊張を緩和させる

2 アプローチ法

要介護モデル 骨粗鬆症で脊髄に圧迫骨折を繰り返し、円背になった要介護者

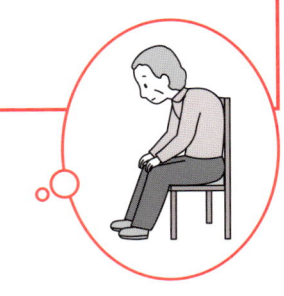

水平移動　介助方法

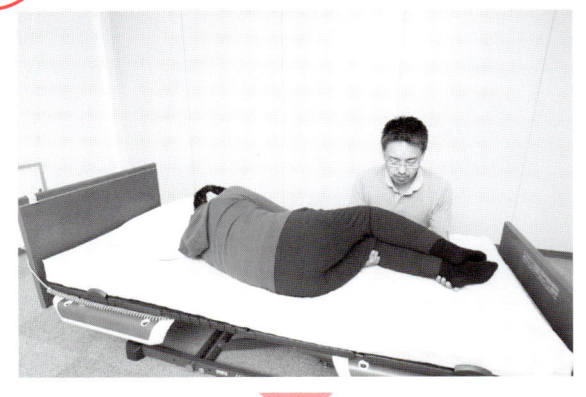

❶ 膝、足首を支えて下肢を手前に引き寄せ、「くの字」にする。

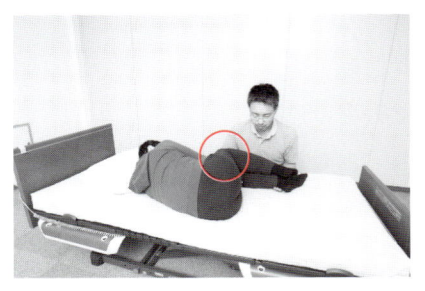

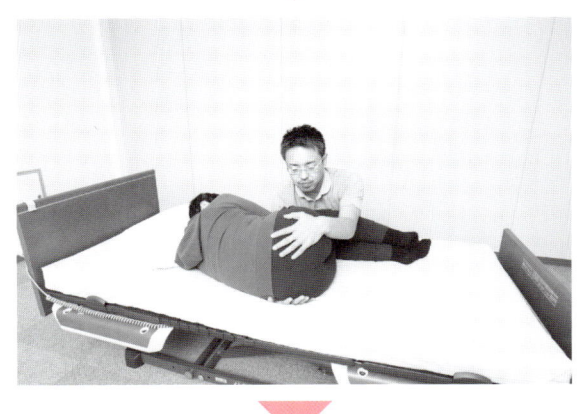

❷ 腰に上肢を差し入れて、手前に引き寄せる。

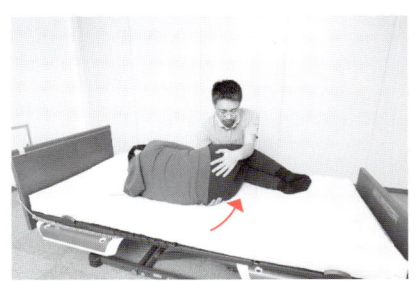

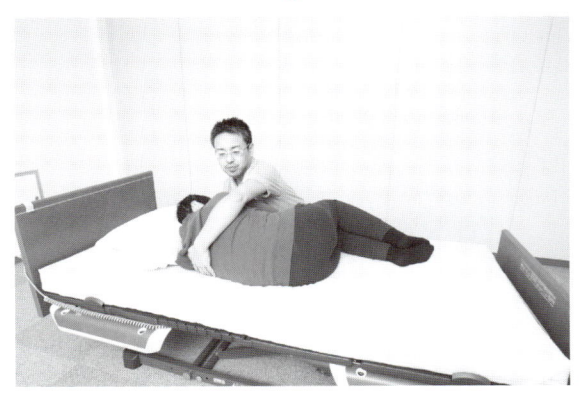

❸ 枕の下から上肢を差し入れて肩を支え、枕ごと手前に引き寄せる。

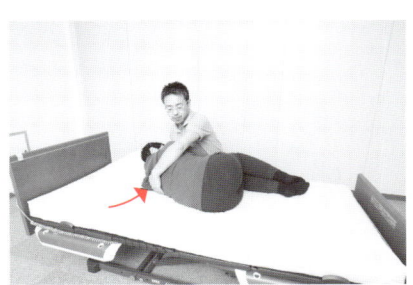

❹再度腰に上肢を差し入れて、手前に引き寄せる。

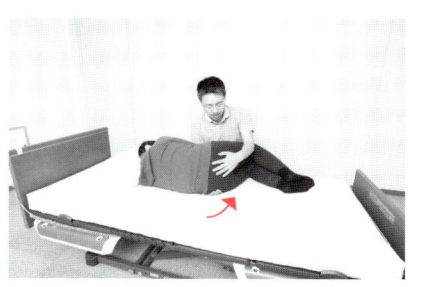

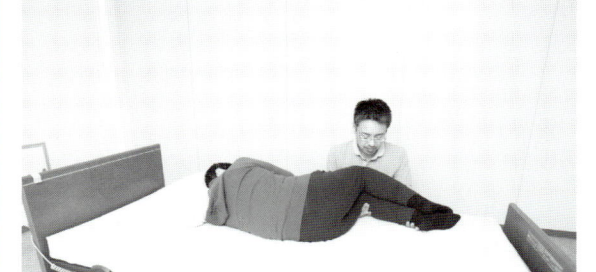

❺再度膝と足首を支え、下肢を手前に引きよせる。

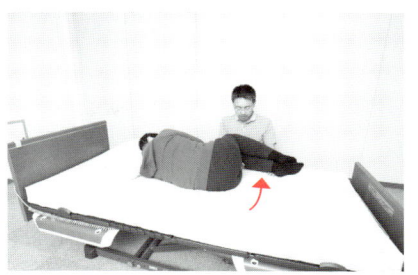

Point / Advice　円背〈水平移動〉

! 円背を起こしている要介護者の多くは骨がもろいため、基本の介護技術に忠実に、足、腰、首の各部位を一つずつゆっくり動かしていくことが大切です。

! 水平移動には、トランスファー手袋を使用するのもよいでしょう。使い捨てのものもあります。

反対側に寝返る（体位変換） 介助方法

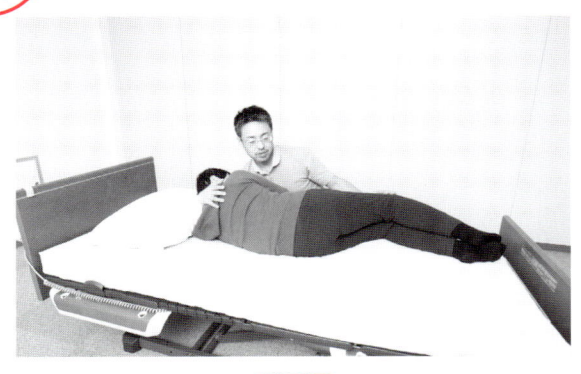

❶ 一方の上肢を頸部に差し入れ、手掌面で肩甲骨を支える。もう一方の手掌面で膝を支える。

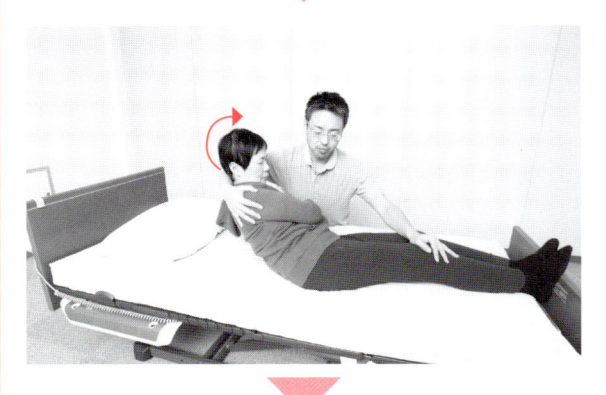

❷ 弧を描くように起こす。

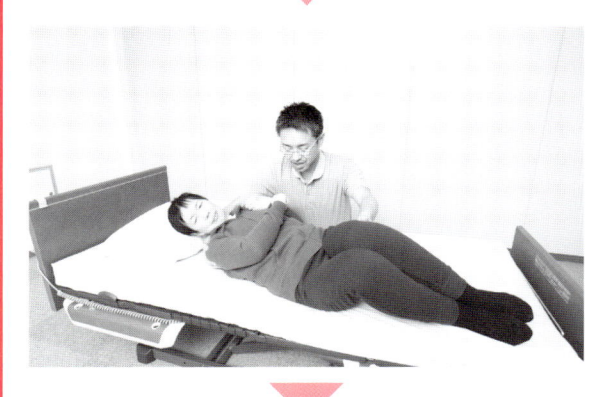

❸ 長座位になったら、一方の上肢は肩甲骨下に、もう一方の上肢は膝下に差し入れて、身体を反対側へ倒す。

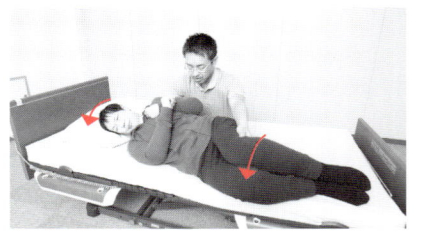

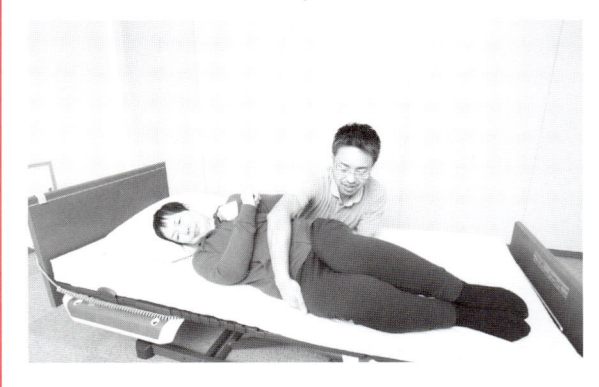

❹ 腰を手前に引く。

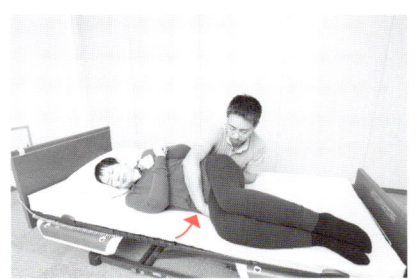

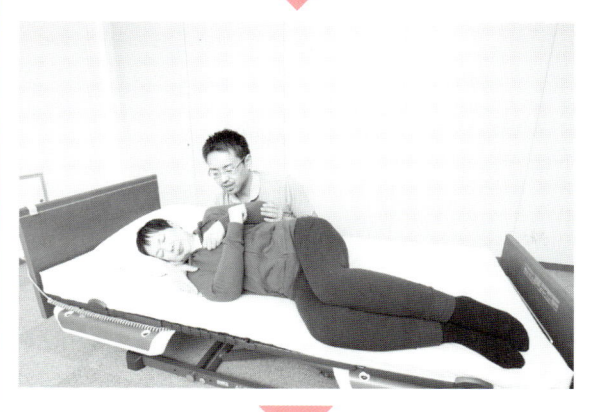

❺要介護者の上肢を屈曲して内転位に誘導する（身体の中心に近づける）ことで、肩甲骨を外側へ出す。

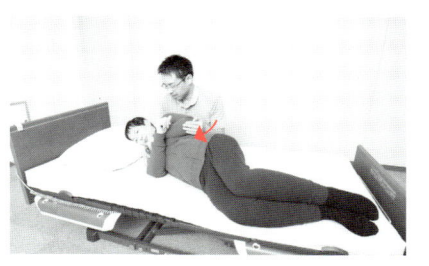

❻足下を手前に引き、全体的に身体を「くの字」にする。

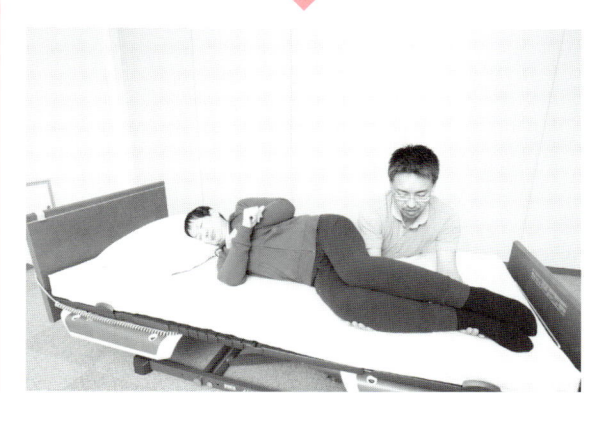

Point Advice 円背く反対側へ寝返る＞

! 横に向ける時は同時に倒します。別々に行うと身体をひねり、脊髄への負担となり、痛みが強くなったりします（86頁参照）。

! 円背が強く仰臥位が不可能な場合、長座位への起き上がり介助をワンクッション入れて行うと、無理なく反対側への体位変換が可能となります。

立ち上がり　介助方法

❶体を傾け、傾けたほうの反対側の臀部が浮いたら手掌面で腰部を支え、前へ出す。反対側も同様にする。左右繰り返し、要介護者を浅く座らせる（32頁参照）。

❷手すりを握ってもらい、足をうしろへ引いてもらう。

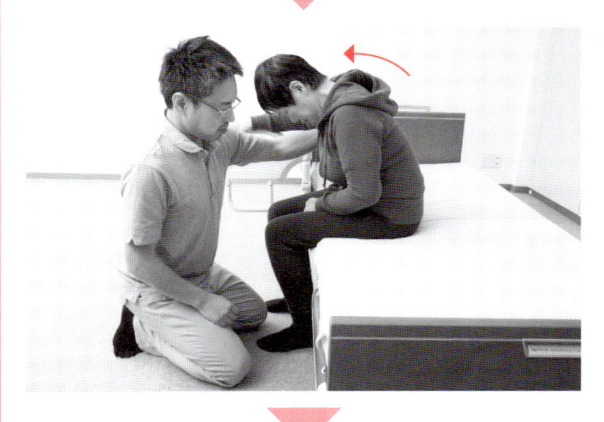

❸前傾姿勢をとってもらい、両足部の支持基底面内に圧中心点を移す。

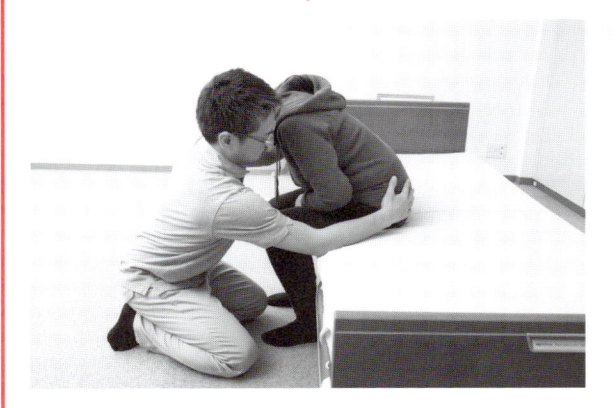

❹さらに前屈みになってもらい、介護者は腰部を支える。

❺肩甲骨と腰部を支えながら立たせる。

第1章 状態別アプローチ法　第2節 円背のある人へのアプローチ

Point 円背＜立ち上がり＞ Advice

! 円背の要介護者は体幹が前傾しているようにみえても、その多くは骨盤が後傾し、圧中心点が後方にあります。そこで立位になる時は股関節を曲げて前傾姿勢にするように気をつけます。

✗ 股関節が曲がっておらず重心が後ろ

○ 股関節を曲げて重心を前に

! 腰背部の筋緊張が亢進している時は、ゆっくり体幹の前傾を誘導することで、筋緊張を亢進させずに前傾を促すことができます。また頸部前屈や上肢を前に出すことで、身体の重心が前方へ移動しやすくなります。体幹を前傾させる前に、頸部前屈と上肢を前方に位置させているかをしっかり確認しましょう。

上肢は前に出ているか　　頸部は前屈しているか

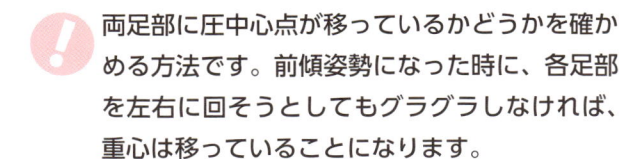

! 両足部に圧中心点が移っているかどうかを確かめる方法です。前傾姿勢になった時に、各足部を左右に回そうとしてもグラグラしなければ、重心は移っていることになります。

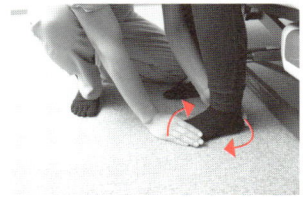

座位姿勢　介助方法

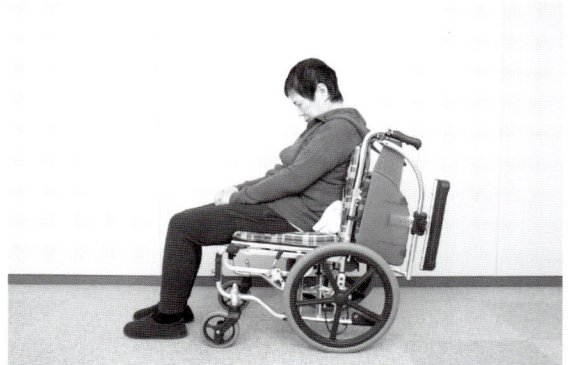

❶円背のある人はいすに座ると背もたれと臀部に隙間ができやすいので、そこにクッション等を入れて下から支える。円背の人は背もたれが調節できるような車いすを使うと一層負担のない姿勢がとれる。

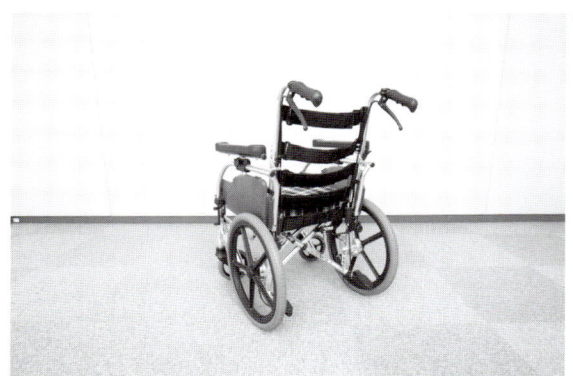

背もたれを調節できる車いす

Point Advice　円背＜座位姿勢＞

円背のある人の座位姿勢は、顔を伏せて、上目遣いで人をみたりします。このような姿勢ではすぐに疲れてしまうため、背もたれと背中の間に折りたたんだタオル等を差し入れて、隙間をつくらないようにします。

クッション等で腰から下をきちんと支えられると筋緊張が減少し、痛みも軽減するので、立ち上がり時や座る時の圧中心点移動が行いやすくなります。隙間よりも少し大きめものを用意しておくと、しっかり支えることができます。

写真提供：田中義行（筆者）

column#3

膀胱留置カテーテルについて

　膀胱留置カテーテルとは、尿意はあるものの排尿できない状態（尿閉）のため、膀胱内にカテーテルを留置し、カテーテルで持続的に尿を排出する方法です。主な原因は前立腺肥大症や膀胱の機能障害のある人等が対象になります。留置カテーテルの長期間の使用は要介護者にとって拘束感を伴い、ベッド上中心の生活を余儀なくすることや、尿路感染症や尿道狭窄等の合併症も引き起こすため、可能な限り避けるのがよいでしょう。

適応する主な対象者

- 尿閉や排尿困難等で、自力で排尿できない場合
- 尿を誘導することで汚染による皮膚湿潤や褥瘡を防ぐ場合
- 術後に管理を必要とする場合
- ターミナル期など、苦痛やADL低下により排尿の負担が大きい場合

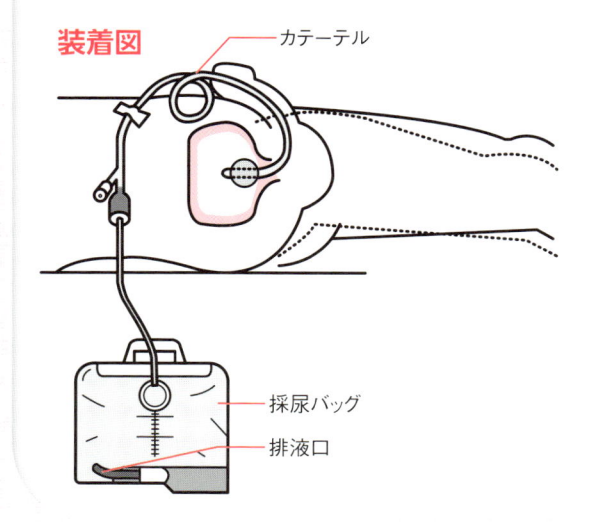

装着図
- カテーテル
- 採尿バッグ
- 排液口

介護上の注意点

①感染防止への配慮

- 要介護者に飲水を促し、膀胱内における細菌の停滞を防ぐ。水分摂取量は医療従事者に確認しておくとよい。
- 蓄尿バッグは常に膀胱より下に位置するようにし、流出した尿が逆流して膀胱内へ戻らないようにする。特に布団に臥床している場合は、膀胱と蓄尿バッグとの落差が小さく尿が逆流しやすいため注意する。
- 入浴は基本的に蓄尿バッグを空にして、つけたまま行う。接続部を外してキャップをつける等の方法は、接続部からの細菌進入のリスクを高める。入浴介助の具体的な方法は医療従事者から指導を受ける。

②介助の留意点

- 尿の量や色の変化、浮遊物等をチェックし、体調の変化や尿路感染の早期発見に努める。
- カテーテルが折れ曲がっていたり、身体の下敷きになって排尿できない状態になっていないかを確認する。
- 介助中にカテーテルをどこかに引っかけないように注意する。

第3節 パーキンソン病がある人へのアプローチ

1 パーキンソン病の要因

パーキンソン病とは

脳の障害による疾患で、大脳基底核に問題が生じると脳内のドーパミンが不足するため、様々な特有の症状が出現します。例えば手足のふるえ（安静時振戦）やこわばり（固縮）、動作の緩慢（寡動、無動）、転びやすくなる（姿勢反射障害）等が代表的なものになります。

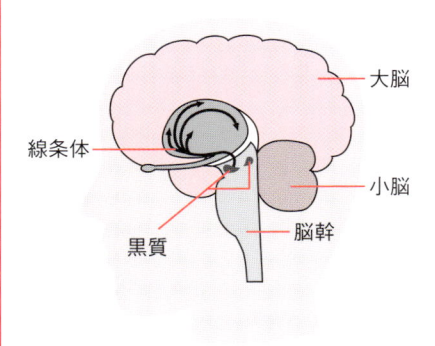

黒質でつくられるドーパミンは、線条体へ運ばれなくなり、ドーパミンが不足する。

特に固縮は、異常筋緊張によって、筋緊張のコントロールや関節可動域の制限を引き起こし、私たちの円滑な動きを困難にします。人間の動きは意識して関節を動かした時、関節の反対の動きをする筋肉（拮抗筋）に筋緊張を緩めるための指令を脳から無意識に出す仕組みがあります。例えば、肘関節を屈曲しようと意識して筋肉を働かせた時、脳からは肘関節を伸展させる筋肉（拮抗筋）に対して筋緊張を緩めるための指令が無意識に出されます。そのため人間は円滑に動けるわけですが、パーキンソン病はこの拮抗筋に対する指令が適切に行われず、逆に筋緊張が高まってしまったりするので、円滑な動きが困難になります。過剰な運動や意識しすぎた状況では、よけいに固縮を強める結果になることが多いようです。

ほかにも大きな特徴として、小刻み歩行が出現する、眼前にはしごのような目印や階段等がある場合には急に下肢の振り出しがよくなるという現象もあります。また安

静時の振戦は、動作時には出現しなくなることがあります。しかし、動作が止まるとまた振戦が出現しますので、非常に体力を消耗しやすく、パーキンソン病でない人と比較して疲労しやすい状況にあるといわれます。

介助が困難になる点

頸部・肩甲骨周囲・体幹の固縮は可動域を減少させ、寝返りや起き上がり、立ち上がりの動作を困難にします。特に頸部や体幹の回旋は、反回旋の立ち直り反応が残っていたとしても、最初のねじる動作ができないために、反回旋の立ち直り反応を誘発することができなくなるのです。また体幹が少しでもねじれないと（回旋が起きないと）、起き上がりに必要な下側になる上肢と骨盤で構成される支持基底面内に上体の重心を移すことができません（65頁参照）。パーキンソン病の要介護者が立ち上がりや歩行が何とか可能であるのに比べて、寝返りや起き上がり動作が難しくなる理由はここにあります。

肩甲骨周囲の筋緊張亢進によって可動域が減少すると、寝返り動作を行うために重要な肩甲骨の前方突出も行いにくくなります。そのため、重心が体軸の中心に残ったままで安定してしまい、寝返りのような転がる動作が行いにくくなるのです。

歩行介助時は最初の一歩が出しにくくなるすくみ足や、歩幅が狭くなる小刻み歩行等が介助を困難にします。疾患による影響もありますが、固縮により急な動きについていけないことが原因の場合も多くあるので、そのような時はゆっくりした介助を心がけて行うと、確実に動きがみられます。

また、円背のある人と同じく脊椎が前屈し、股関節も屈曲位になりやすくなるので、側方への脊椎の可動範囲が狭くなり、下肢の振り出しが行いにくくなります。

そのほか、各動作を行うために介護者が口頭で指示をすることがあると思いますが、動作時に要介護者に意識させすぎてしまうと、筋緊張の異常な亢進（固縮）がより強まることがあります。介護者は丁寧にわかりやすく伝えようと言葉数が多くなりがちですが、声かけ等はなるべく簡潔に行うほうが動作はしやすくなります。

安静時振戦が出現するために非常に疲労しやすい状況にありますので、介助は適宜休憩を入れることも大切です。例えば、食事介助時にすでに疲れて覚醒も悪くなり、全量摂取できないということがよくあります。食事介助に限らず、優先順位としてきちんと行ってもらいたい動作介助に関しては、その前にしっかり休憩をとってもらうことが大切です。

ほかにも、抗パーキンソン病薬の副作用により、先ほどまでしっかり動けていたのに急に動けなくなることがあります（on-off現象）。この場合、介護者側の戸惑いのほうが大きくなるので、慌てないように、状態がよい時の介助方法と悪い時の介助方法の対策を立てておくことが求められます。

2 アプローチ法

要介護モデル
パーキンソン病を患い、身体機能の低下がみられる。
歩行時はつまずきやすく、転倒がある

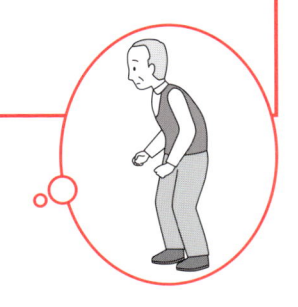

寝返り　介助方法～ベッド用手すりを使って

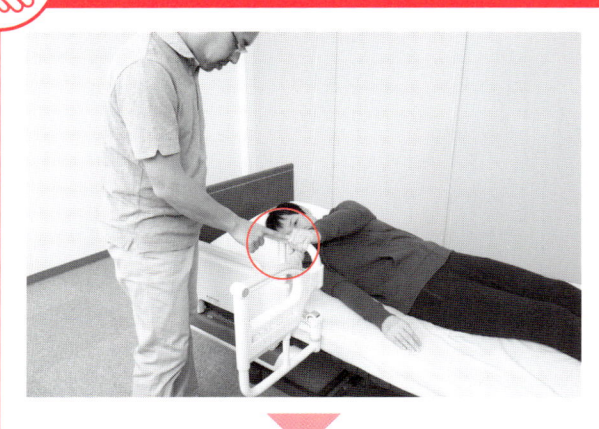

❶ 要介護者にベッド用手すりでつかんでもらいたい場所を指し示す等して、介護者は視覚的に伝える。

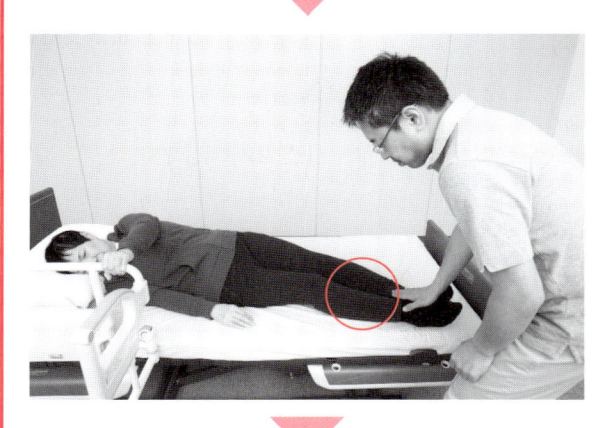

❷ ベッド用手すりをつかんでもらったら、介護者は要介護者に動かしてもらいたい足の位置を手で示すなどして、視覚的に誘導する。

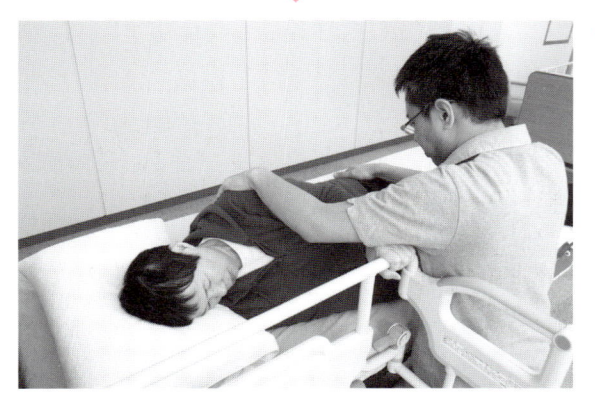

❸ 肩甲骨と骨盤に手掌面を当てて、寝返りの回転が不足している部分を介助する。

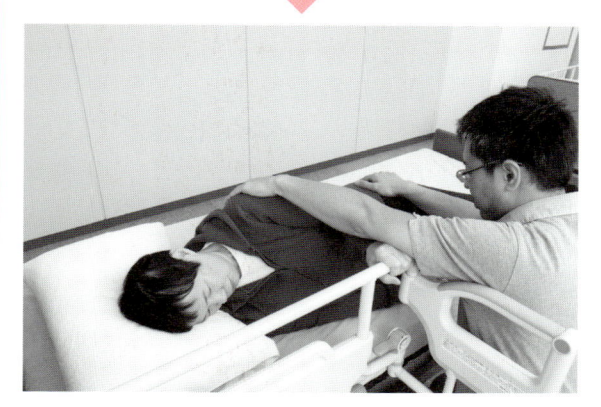

❹無理のない範囲で体幹の回旋を促す。

第1章 状態別アプローチ法　第3節 パーキンソン病がある人へのアプローチ

Point　パーキンソン病＜寝返り＞　Advice

! パーキンソン病の要介護者は緊張してうまく話せなかったり、動作がぎこちなくなったりと、心理状態もつらい状況にあることを理解します。

! 寝返りが行いにくい原因の多くが肩甲骨と体幹の動きにあるので、必ず確認してみましょう（16頁参照）。

! 声かけが多すぎると、要介護者の意識がそちらに向いてしまい、様々な動作がしにくくなる傾向にあるので、声かけの量を少し減らして様子をみることが大切です。

起き上がり　介助方法〜ベッド用手すりを使って

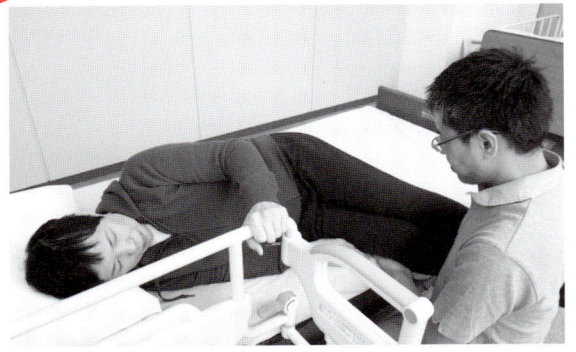

❶要介護者に手すりを握ってもらう。要介護者の痛みのないほうや、傾きやすいほうに位置して、膝下をベッドの端まで移動する。

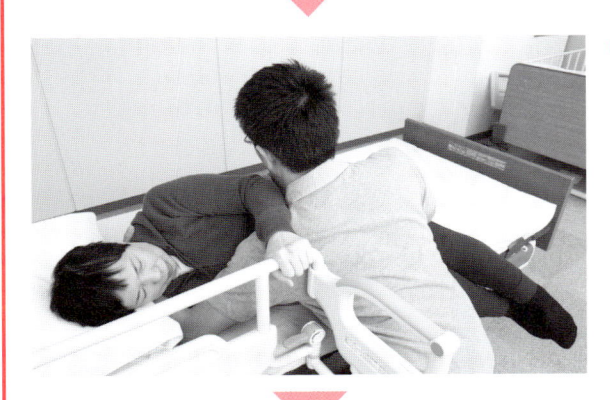

❷首の下から上肢を差し入れ、頸部を前屈させるように手掌面で肩甲骨を支える。

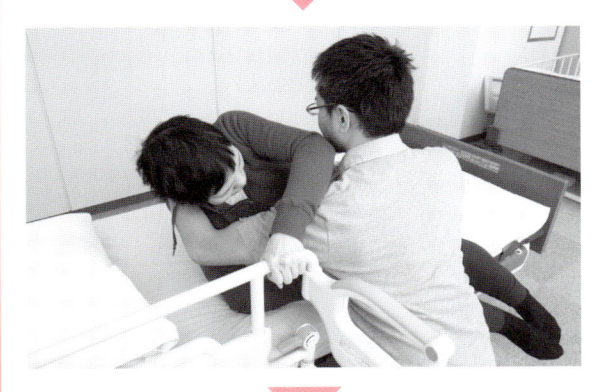

❸介護者は肩甲骨を支えている手掌面を手前に引いて、起き上がりを介助する。

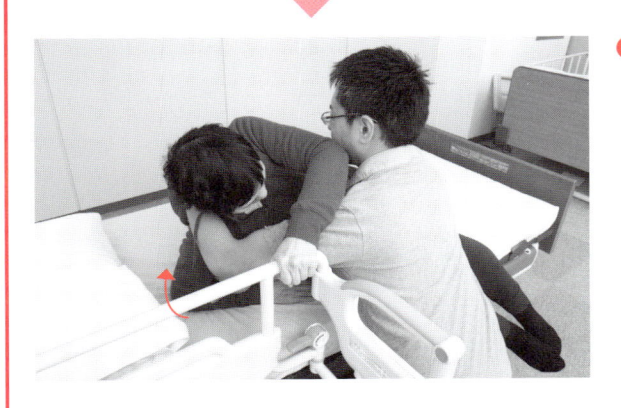

❹要介護者は左肘を後方に引いて、上体の圧中心点が前腕と骨盤で構成される支持基底面内に入るようにし、要介護者は肘を支えに起き上がる。

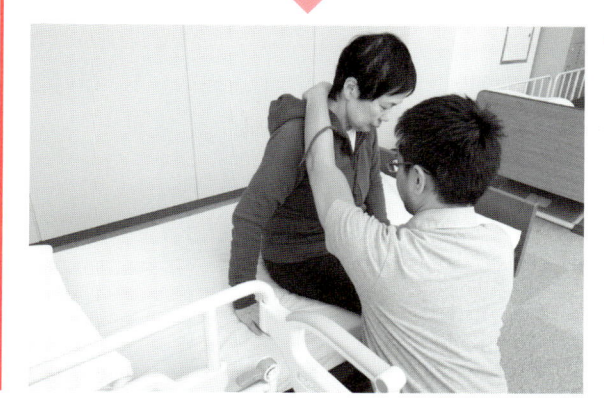

❺要介護者の足底が床につくまで、要介護者の動きにあわせながら端座位の姿勢にする。

Point **パーキンソン病<起き上がり>** Advice

! 介護者は要介護者の足をベッドから下ろし、片手を背中に回し、もう一方の手を腸骨におきます。腸骨を押し下げるような感覚を意識しながら、介護者の重心移動で上体を起こしていきます。パーキンソン病がある場合、体幹の回旋を伴う寝返りや起き上がりの動作が難しいことがあるので、要介護者ができる部分を活用しながら介助していきます。

! パーキンソン病によって頸部、肩甲骨周囲、体幹が異常筋緊張亢進（固縮）していたり、関節リウマチによる関節可動域の制限がある場合には、関節を無理に動かさず、肘を後方につくことで支持基底面を移すと、圧中心点も移動でき、起き上がりがしやすくなります。

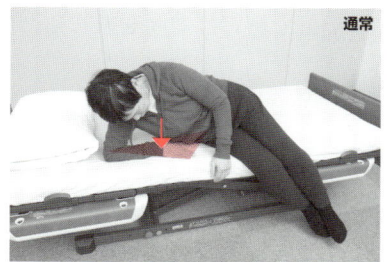

通常
前腕部と骨盤で構成される支持基底面内に圧中心点が入ると重心移動ができて起き上がりしやすくなる

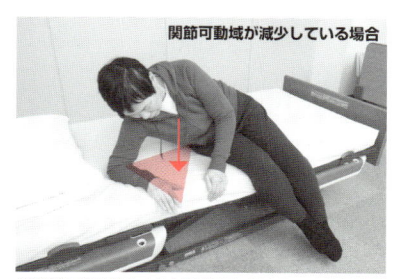

関節可動域が減少している場合
体幹がねじれない人は肘を後ろに引くと、支持基底面内に圧中心点が入り起き上がりやすくなる

第1章 状態別アプローチ法　第3節 パーキンソン病がある人へのアプローチ

立ち上がり　介助方法

❶体を傾け、傾けたほうの反対側の臀部が浮いたら腰部に上肢を差し入れて、前へ出す。反対も同様にする。左右繰り返し、要介護者を浅く座らせる（32頁参照）。

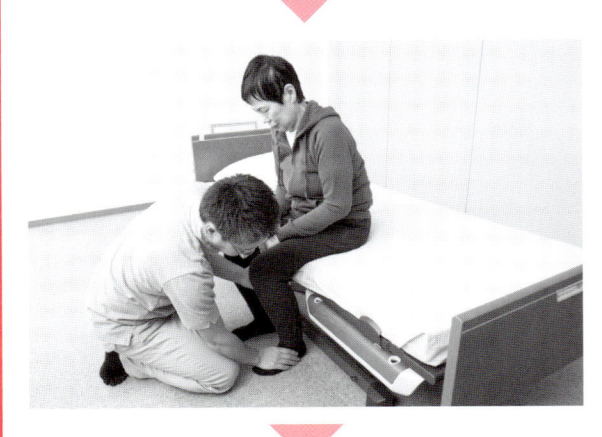

❷足をうしろへ引いてもらう。

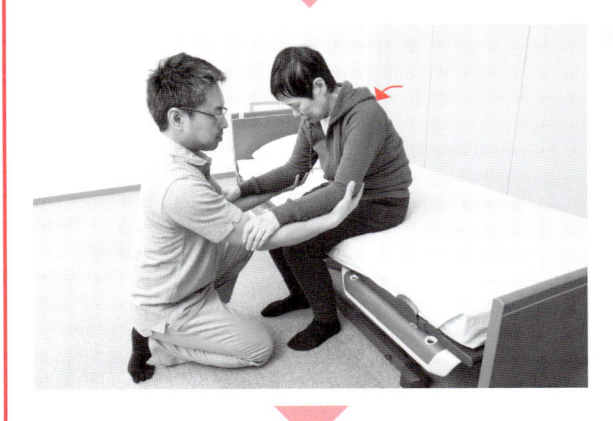

❸前傾姿勢をとってもらう。

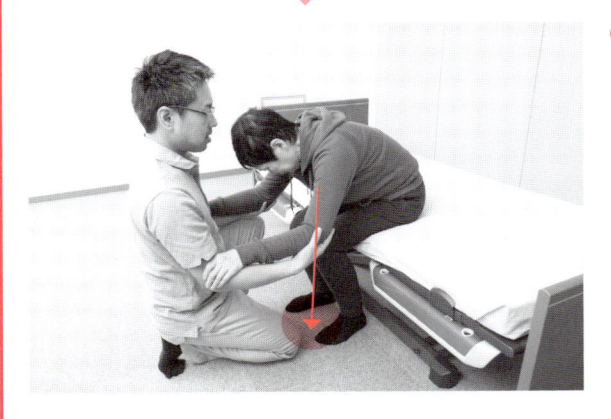

❹両手を下から持ち、両足部の支持基底面内に圧中心点が入るようにする。

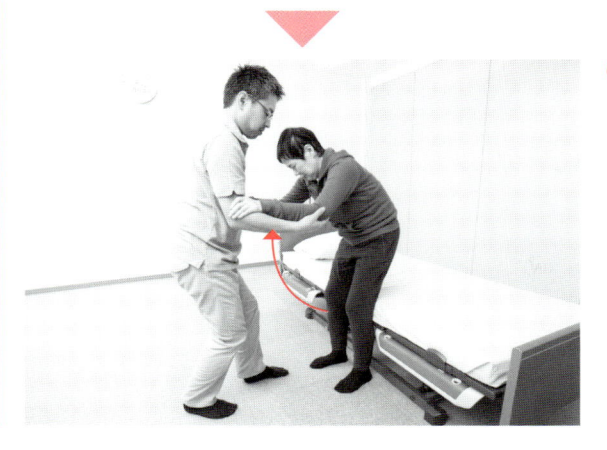

❺重心移動がしやすいように前方下側から上方へ誘導しながら立たせる。

第1章 状態別アプローチ法　第3節 パーキンソン病がある人へのアプローチ

Point パーキンソン病〈立ち上がり〉 Advice

! パーキンソン病の人は前屈姿勢の場合が多く、一見、重心の位置が前方にあって立ち上がりしやすいように見受けられます。しかし顎は前方に突き出し、骨盤も後傾しているため重心の位置は思いのほかうしろにあるので、立ち上がる時は顎を引き、浅く腰かけてもらいましょう。立ち上がらせる時は、前方下側から上方へ誘導するようにします。真上に引っ張ることはしません。

✕

上へ引っ張り上げない。要介護者の負担も大きくなる

! パーキンソン病の影響でバランス能力が衰えていたり、筋力が低下している場合には、前傾姿勢を二回にわけてでも深く前屈姿勢をとるほうが、重心移動を確実に行うことができるため安全に立ち上がらせることができます。

歩行　介助方法～介助ベルトを使って

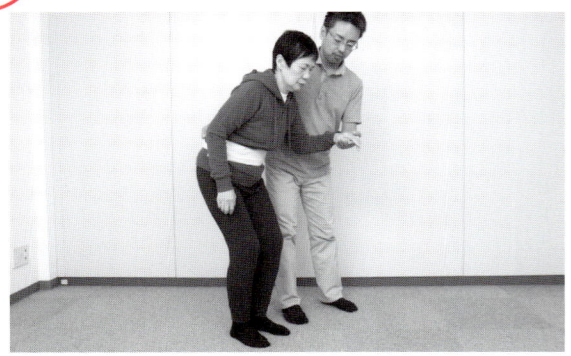

❶要介護者がふらつきやすいほうへ立つ。左側に立った場合、左手の手掌面に要介護者の左手を添えてもらう。

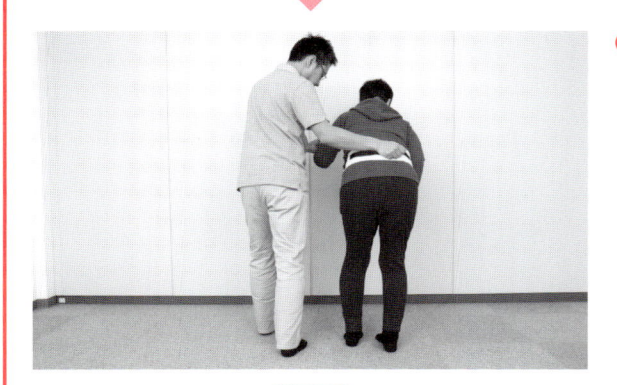

❷右手はベルトを持つ。

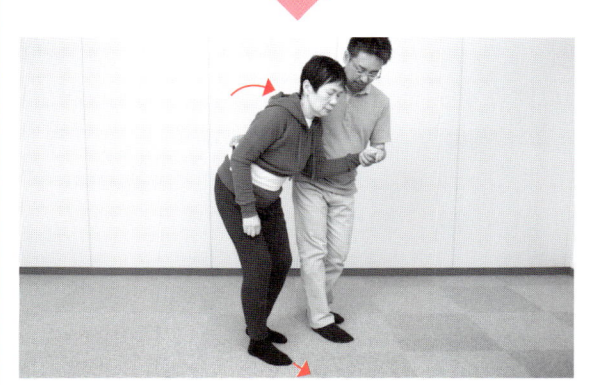

❸要介護者の体重を左側へ傾けて、反対側にある右足を振り出してもらう。

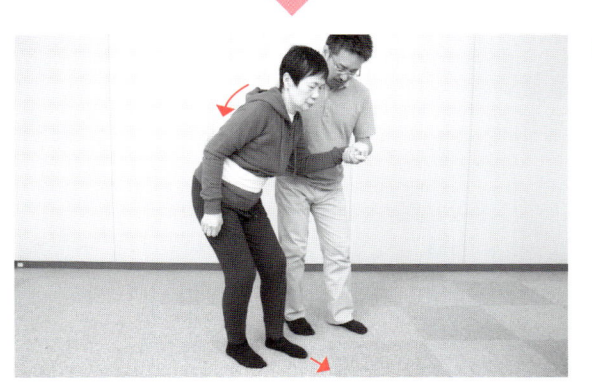

❹右側に体重を傾けて、反対側にある左足を振り出してもらう。

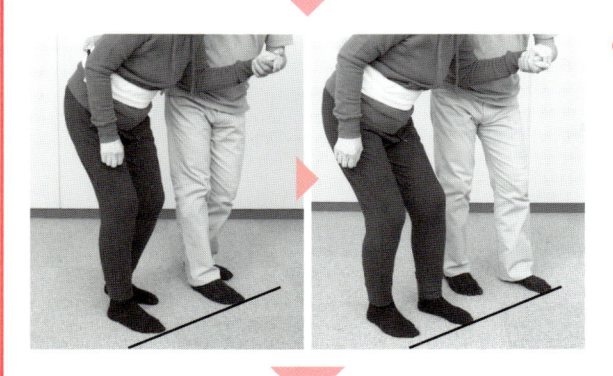

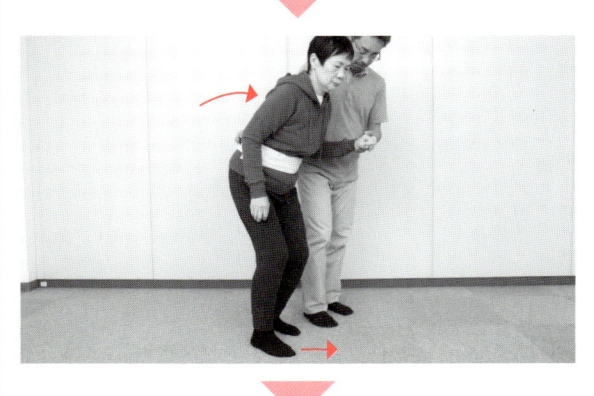

❺ ❸ ❹ を交互に繰り返し、歩幅をあわせながら進む。

❻ 方向転換する時は、要介護者の身体を左右に体重移動させて体重がのっていないほうの足を振り出しながら、方向転換を促す。

❼ 歩き終わっていすに座る時もふらつきが落ち着くまで見守る。

Point / Advice　パーキンソン病〈歩行〉

❗ ふらついて倒れそうになった時はベルトをしっかり握り、もう一方の手で要介護者の身体を支えます。ベルトは持ち上げないことが大切です。

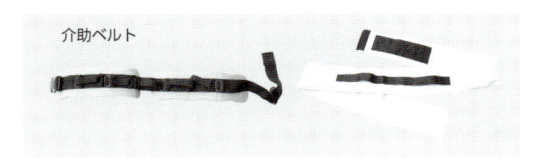

介助ベルト

ベルトを持つ時は持ち上げない

❗ 要介護者と出す足をそろえます。バランスを崩して転倒しないように、歩幅もそろえます。また方向転換時は足がすくんだり、転倒しやすいので特に注意します。

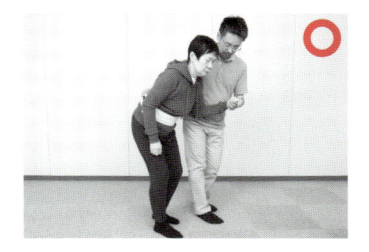

第1章 状態別アプローチ法　第3節 パーキンソン病がある人へのアプローチ

column#4

経管栄養法について

　経管栄養法とは、口から食事を摂ることが不可能、あるいは不十分な場合に、管（チューブ）を通して水分や栄養を補給する方法です。経管栄養法は、主に経鼻経管栄養（以下、経鼻経管という）と、胃瘻経管栄養（以下、胃瘻という）があります。

　嚥下や摂食が困難で誤嚥性肺炎を繰り返しているような人や、意識レベルが低下して口から食事が摂れないような人が対象になります。経鼻経管や胃瘻については、要介護者の病状や考え方、家族の意識等を多方面からみて、主治医と話し合いの上で進めることが大切です。

ケアするにあたっての注意点

　平成23年6月の社会福祉士及び介護福祉士法の改正により、平成28年1月以降の国家資格に合格し、登録した介護福祉士は、喀痰吸引（口腔内・鼻腔内・気管カニューレ内部）と経管栄養（経鼻経管、胃瘻、腸瘻）については「特定の医行為」として、医師の指示のもとに「診療の補助」として行うことができるようになりました。ホームヘルパー等の介護事業所職員や、改正法前に資格を得た介護福祉士等も、登録研修機関で研修を修了し、都道府県知事の認定を受ければ、特定の医行為を実施できます。

　しかしここでは、「特定の医行為」における実施手順ではなく、一般的に知っておいてほしい経管栄養法の知識と介護上の注意点について述べます。

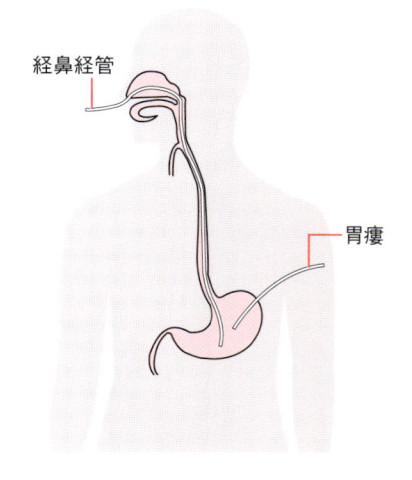

適応する主な対象者

- 全身衰弱で、栄養補給が必要な場合
- 舌、咽頭、食道等の疾患のため、咀嚼できない、嚥下障害や誤嚥のおそれがある場合
- 意識障害のため、嚥下障害や誤嚥のおそれがある場合

経鼻経管

胃瘻

①経鼻経管の場合

　経鼻経管とは、鼻腔から胃までチューブを挿入し、栄養剤を注入する方法です。以下は、ケアの観点での注意点を挙げておきます。

- 医療従事者に確認し、チューブ周辺の清潔に注意する。
- 皮膚のかぶれ、刺激に注意する。
- チューブが抜けないようにきちんと固定されているかを観察する。
- 誤嚥性肺炎に注意する。
- 下痢に注意する。
- 食事内容は時々チェックして、必要なカロリーが摂取できているかを確かめる。
- 口から摂食しないため口腔ケアがおろそかになるが、誤嚥性肺炎等の防止のために口腔内の清潔に配慮する。

②胃瘻の場合

　食道が閉塞あるいは狭窄して経口摂取ができない場合等に、直接胃から栄養を摂取するために、腹壁に穴をあけて胃にチューブを挿入する方法です。チューブの挿入部（瘻孔）を造るために経皮内視鏡的胃瘻造設術（Percutaneous Endoscopic Gastrostomy）という手術を行うことから通称ＰＥＧとも呼ばれています。鼻からチューブを挿入する方法に比べ、要介護者に対する苦痛は軽減されるといわれています。

　胃瘻の挿入部周辺の清潔保持は、医療従事者に手順等を確認し、実施します。その際に、瘻孔周囲に皮膚トラブルがないかを観察します。また、胃瘻チューブが抜けると瘻孔は自然に閉じてしまいます。そのため、胃瘻チューブが抜けた時にはただちに医療機関へ連絡します。

胃瘻チューブの種類

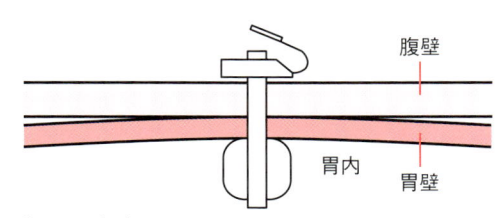

ボタン型バルーン（腹壁／胃内／胃壁）

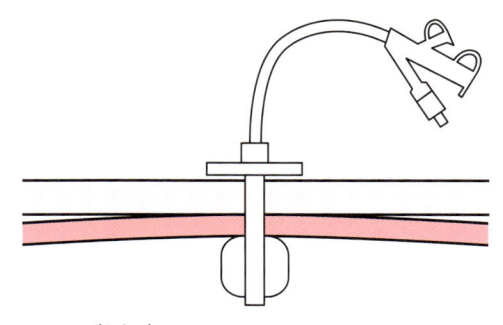

チューブ型バルーン

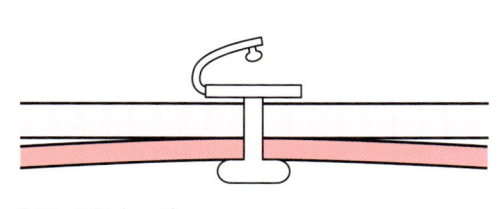

ボタン型バンパー

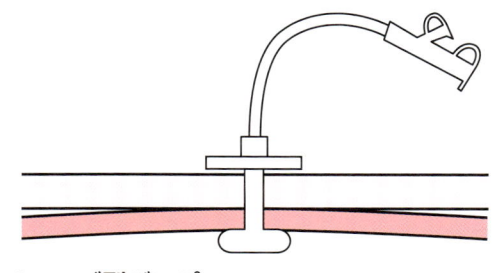

チューブ型バンパー

第4節 振戦のある人へのアプローチ

1 振戦が起こる要因

振戦とは

振戦とは不随意（意識しない）的に起こる運動です。健常者でも起こるものなので大きな問題になることはまずありませんが、何らかの疾患や障害によって起こるものもあり、それらは日常生活や介助時に影響のでることが多々あります。例えば、振戦を呈する原因疾患の一つにパーキンソン病がありますが、パーキンソン病の場合は安静時に起こるのが特徴的で、介助時にはあまり影響しないといえます。そこで本節では小脳性の障害によって起こる企図振戦を中心に解説します。

人間の運動は大脳から指令が発せられますが、脳は様々な調整機能を持ち、小脳もその役割を担う一つです。運動を微調整する小脳が障害を受けると、円滑な運動ができなくなります。

こうした影響を受けるのは四肢だけではありません。例えば、体幹を安定させることができず、座位保持ができなかったりします。ほかにも、失調性の構音障害や摂食嚥下障害もあります。

小脳出血等循環器系の障害の場合は症状自体が進行することはありませんが、脊髄小脳変性症等は進行性疾患であり、速度の差はあれ確実に重症化していきます。進行性疾患は、症状の進行や日常生活でどのようなことから困難になっていくのかということがある程度わかっています。現在の状態にあわせた介助や支援だけでなく、進行後の予測もしながら、様々な準備を早めに進めておくことが大切です。

介助が困難になる点

振戦は運動時にふるえが起きますので、何かをつかもうとしたり持ち上げたりといったことが難しくなります。特に「何かしよう」という意識が先立つと、よけいに

ふるえが大きくなる場合が多いようです。食事や更衣といった動作はつかむところから難しく、つかめてもスムーズに動かすことが難しいためにこぼしたりする等、細かな作業は困難となります。

介助の観点からいえば、振戦のある人は様々な「協調性の障害」によって介助が困難になる場合が多いです。協調性障害とは、小脳や脊髄の後方を通っている、感覚を司る神経の障害によって、関節を動かしたり動作を行うことがコントロールしにくくなり、円滑性が低下する状態です。協調性の障害があると力の出し入れのコントロールが調整しにくく、一気に力を入れたり、急に脱力したりするようになるので、介護者はどっしりと構えて支えていないと一緒にひっくりかえってしまうことがあります。

そして介護者はなるべく余分な力を使わず、過剰な介助は行わないのが本来適切ですが、協調性障害のある場合には、逆にしっかりと支えることで、要介護者は安定した残存機能を使えるようになります。例えば立ち上がり介助の時は、介護者が安易に支えたり、要介護者に不安定なものにつかまらせたりすると、ふらつきが目立ち、かえって危険です。しっかり固定された手すり等を持ってもらい、介護者も骨盤をしっかり把持すると、要介護者もふらつかず安心して力の出し入れができて、円滑な動作につながります。

四肢ばかりではなく、体幹も協調性がなく安定しません。座位保持が困難であり、移乗等の介助を行ったあとにすぐ手を離すと転倒しやすいため、その場合は背もたれにもたれかかっているのを確認してから手を離すようにします。

振戦の主な分類			
生理的な振戦	病的な振戦		
	安静時振戦	姿位振戦	企図振戦
健常の人でもみられるふるえ。精神的に緊張を強いられるような場面で出現することが多いが、病気に由来するものではない。	動作の安静時に手足のふるえがみられる。代表的な原因疾患はパーキンソン病。動作時にはあまりふるえがみられないため、介護者にとっては介助しやすいといえる。	一定の姿勢時に、自分の意思に反して手足のふるえがある（不随意運動）。原因疾患は本態性振戦や、甲状腺機能亢進症等である。	動作をしようとした時にふるえがみられる。主な原因疾患は脊髄小脳変性症や多発性硬化症等である。

2 アプローチ法

要介護モデル　脊髄小脳変性症を患い、動作のコントロールや姿勢が保てない

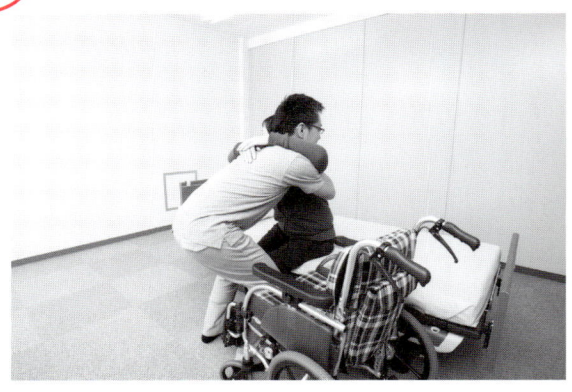

移乗　介助方法

❶ 脇の下から両腕を回し、要介護者に密着し、背部でしっかり支える。

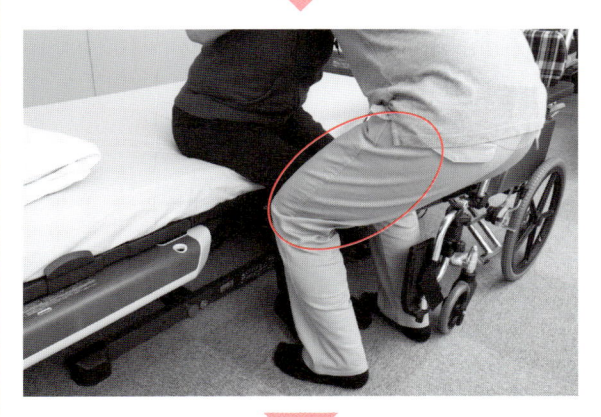

❷ 要介護者に足をうしろに引いてもらい、介護者の足で要介護者の両膝を固定する。

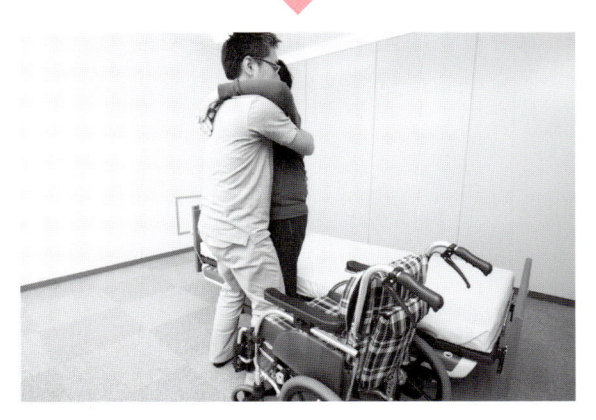

❸ 立位がとれたら、要介護者は車いすに近い側の足を車いす方向へ向ける。立ち上がったあとも、膝をなるべくあわせて支える。

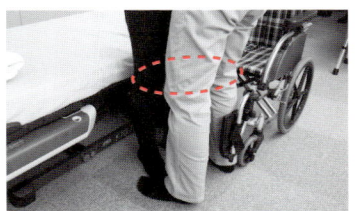

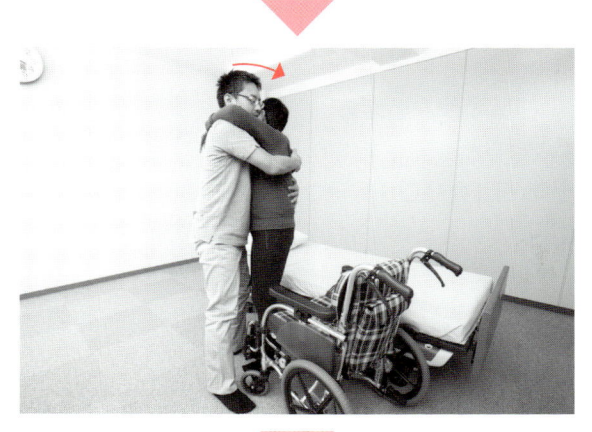

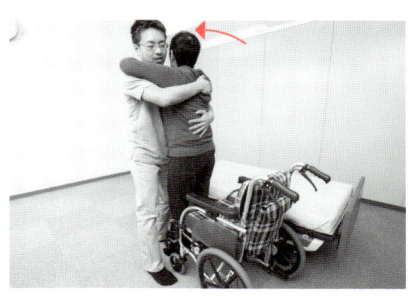

❹左右に重心移動を促しながら、方向転換してもらう。

❺介護者はゆっくり腰を落とし、要介護者に車いすに深く座ってもらう。

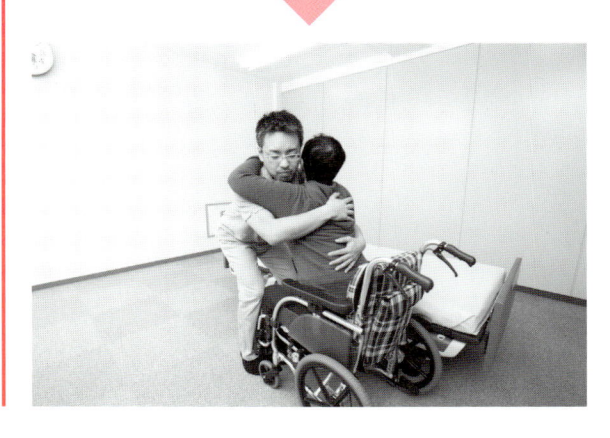

第1章 状態別アプローチ法　第4節 振戦のある人へのアプローチ

Point 振戦〈移乗〉 Advice

! 特に気をつけなければいけない身体的特徴(骨折しやすい・感覚が鈍い等)があるかどうかを事前に確認しておきましょう。また原因疾患によっては進行の早い場合がありますので、介助方法は常に確認していく必要があります。

! 通常の介護では、両膝を固定させると要介護者は前かがみになりにくく、顎も上がるため立ちにくくなります。しかし本ケースのような企図振戦の場合には、動きをコントロールできないため、なるべく身体を密着させて安定させる必要があり、上記のような介助を行います。

食事　介助方法

❶軽く顎を引く。踵は床にきちんとつけて、テーブルに肘を添える。テーブルの高さは、膝がおおよそ90度に曲がり、足底が床につく程度にすると、テーブルの上で肘を90度くらいに曲げられる自然な姿勢がとれる。テーブルと身体の間は握りこぶし一つ分くらいの隙間をあける。座位保持が不安定な時は、いすは背もたれの長さがあるもの、肘かけがあるもの、クッション等を左右に使用する等して座位姿勢を安定させる。これらを整えることで、頭が左右に振れる時等の振れ幅を少なくすることができる。

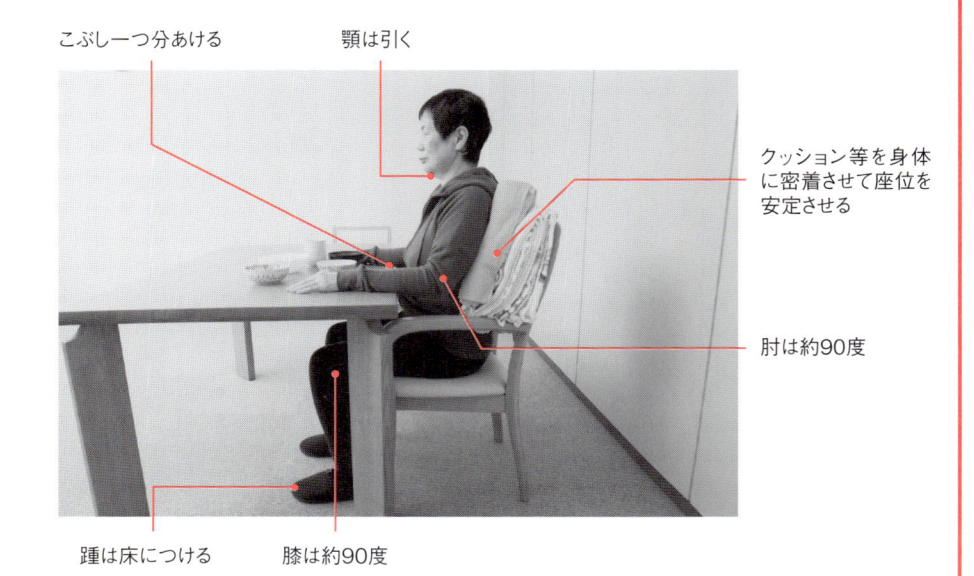

- こぶし一つ分あける
- 顎は引く
- クッション等を身体に密着させて座位を安定させる
- 肘は約90度
- 踵は床につける
- 膝は約90度

❷食事の形態は、味噌汁のような液体や、パサパサしたものは避ける。食べ物が落ちないように身体の近くで支援し、ふるえが大きい場合はスプーンやフォークを持つ手を支えたり、かわりに口へ運ぶ等の介助を行う。

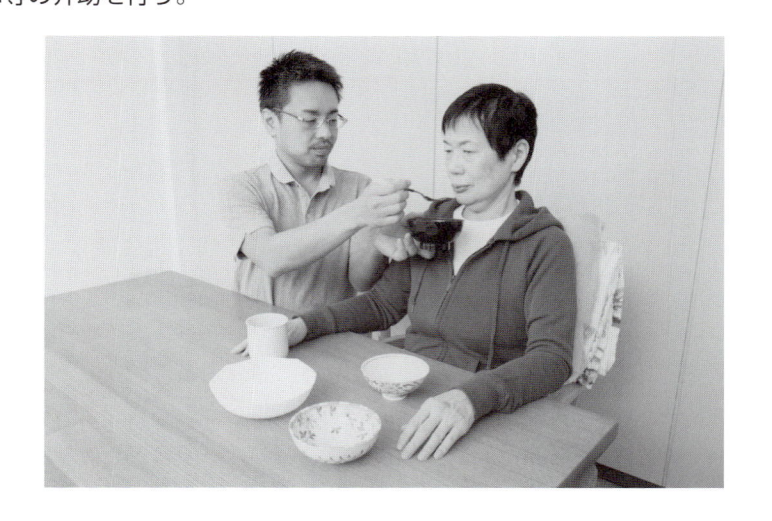

Point Advice 振戦＜食事＞

～ベッド上での食事介助について

- 30度くらいにギャッチアップし、ベッドの折れ目と臀部をあわせます。下に落ちないように、また背部のリラックスを図るために、膝下や足底にクッションやタオルを入れて調整します。
- 介護者は要介護者と視線をあわせた高さで介助します。
- 通常は頭部を前屈し、顎を引くと咽頭と気管に角度がついて誤嚥しにくくなります。
- 口や喉の奥に残った食べ物が時間の経過とともに気管へ落ちることがあります。誤嚥防止のために、一般的に食後30分くらいは上体を起こしておきます。

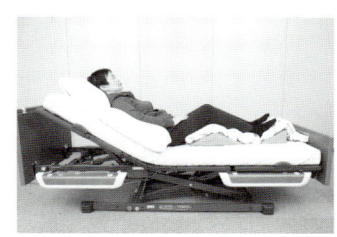

ベッド上での食事の姿勢

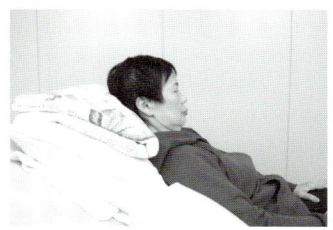

顎を引かせるため、タオル等で枕の高さを調整する

～食事について

- 一口量はティースプーン一杯を目安にし、下唇にスプーンをのせて、スプーンの2/3くらいまでの量を口に運びます。上唇を下ろして口が閉じたらスプーンをまっすぐに抜き、ゴックンと飲み込み、食べ物が口に残っていないことを確認してから次に移ります
- むせた時は一呼吸おきます。喉に残留していることがあるので、その場合はゼリー等で残留物を流し込みます。
- 食事時間は長くなるほど疲労感も増しますので、45分くらいを目安にしましょう。

移乗の介助でも述べましたが、動作が不安定になるため、何かに身体を密着させて体幹を安定させる必要があります。座る時も端座位にはせずに、必ず背もたれのあるいすを使います。

第1章 状態別アプローチ法　第4節 振戦のある人へのアプローチ

第5節 四肢が突っ張る人へのアプローチ

1 四肢が突っ張る要因

四肢が突っ張るとは

　四肢が突っ張る原因の多くは、脳（具体的には脳幹の上位部分）の器質的障害によるものです。その代表的な症状は除脳硬直で、これは脳梗塞等によって引き起こされ、上肢・下肢とも突っ張る症状がみられます。頸部も、筋緊張の異常亢進によって後屈します。除脳硬直では四肢のすべてが突っ張る場合が多いのに対し、除皮質硬直は下肢が突っ張り、上肢は屈曲位になることが多いようです。

　ほかにも、低酸素脳症による脳の器質的障害や、脳性麻痺等、やはり脳に何らかの障害が起きた場合に四肢が突っ張る症状がみられる場合があります。このように、四肢が突っ張る症状がみられた時は、基本的に脳の障害によるものの可能性が高いと考えられます。

　しかし、脳に器質的障害が起きただけで四肢が突っ張るわけではなく、抗重力筋の異常な緊張が影響しています。この抗重力筋は姿勢の状態が関係していますので、ポジショニングで突っ張りを軽減させることは可能です。また厳密には反射によって出現することから、頸部の位置だけでも突っ張る状態が変化したりします。ポジショニングを行う時に頸部を軽く前屈させると、多くは四肢の突っ張りが軽減されます。頸部のポジショニングは基本的に顎を引くように行いますが、要介護者の気道が狭くなるような状態だと、苦しくなって逆に筋緊張が亢進してしまいます。その時は胸の下からクッションを当てるようにして、枕も少し高めにすると楽な姿勢になり、四肢だけでなく頸部の突っ張り（後屈）も軽減されやすくなります。このようにポジショニングを適切に行っていないと四肢が突っ張るだけでなく、拘縮が進行していきます。

介助が困難になる点

　四肢が屈曲しにくいことによって動作介助が行いにくくなるのは容易に想像がつきますが、多くの場合は四肢だけでなく、頸部の後屈した状態がみられます。四肢の突っ張りばかりが目立つため、これが介助困難になる原因と捉えられがちですが、一緒に起こる頸部の後屈も、要因のかなりの割合を占めます。四肢が突っ張る理由を考えて、頸部の状態も見逃さないようにしましょう。

　頸部の後屈は、体位変換の場面で最も問題になります。**頸部後屈によって腹筋群が活性化しにくくなるため、反回旋の立ち直り反応を引き出せないことが、介護者の負担を増加させます。**

　下肢の突っ張りが影響するのは、起き上がり介助の時です。ベッド上で端座位を保持する時は、股関節が90度くらい屈曲できないと上半身を起こすことができませんが、多くの場合、両下肢は突っ張りながら交差しています。介助負担を軽減するには、介護者側に弧を描きながら上半身を起こす方法がありますが、股関節が屈曲できないとそれも不可能です。また頸部が後屈しているため、重心位置を下肢側のほうへ移動できず、上半身を起こす時に介護者は重たく感じてしまいます。立ち上がり動作の時は頸部前屈、股関節を屈曲しての体幹の前傾、足部を手前に引くための屈曲等が必要になりますが、突っ張っているためにそれらを行うことができません。

　また介助全般にいえることですが、**四肢が突っ張る症状のみられる場合のほとんどが脳のダメージであり、その多くが意識障害を有しているということです。** 下肢だけが突っ張る要介護者はコミュニケーションをとれる場合があると思いますが、四肢が突っ張る要介護者の場合は難しいことが多いでしょう。それは、脳内の障害を受けている部位の違いといわれています。意識障害があり、コミュニケーションがとれないということは、介護者側からの声かけが通じないということなので、要介護者に協力を求めること自体ができないということです。そこで必然的に、部分介助という選択肢もなくなります。

　しかしコミュニケーションがとれない、理解力がないと決めつけたり、また例えそうだとしても、声かけをしなくてよいということではありません。当たり前すぎることですが、介助を行う前の声かけは、どんな時でも丁寧に行ってください。

> ○○さん、朝食の準備ができたので起きましょうか？

2 アプローチ法

要介護モデル: 神経性の疾患があり、寝たきりのために身体がかたくなり、手足が突っ張った状態にある

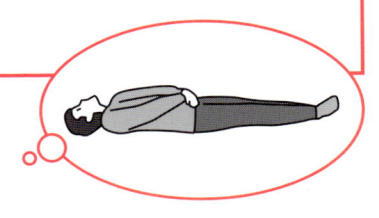

寝返り　介助方法

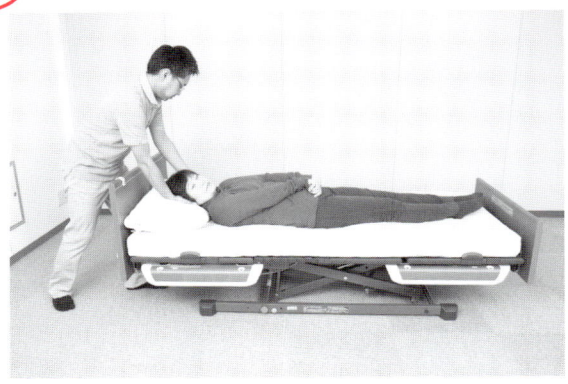

❶ 介護者は寝返る側に枕を引いて、要介護者に無理のない範囲で顎を引いてもらい、顔を寝返る側に向けてもらう。

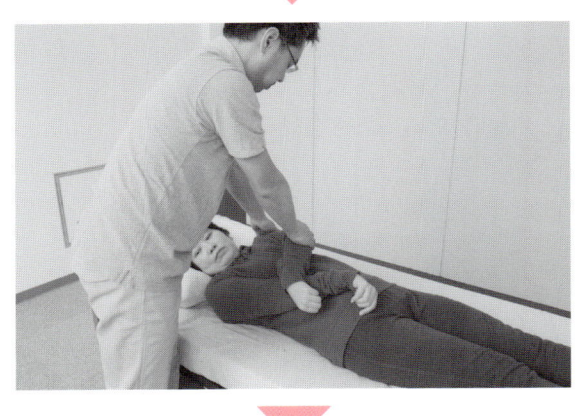

❷ 無理のない範囲で腕を組んでもらい、肩甲骨を前方突出させる。

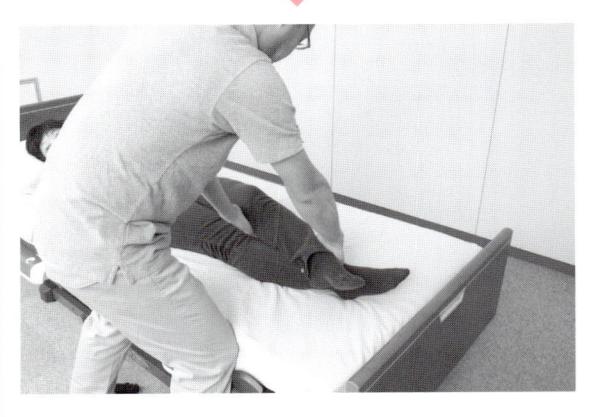

❸ 無理のない範囲で足も組んでもらう（寝返った時に上になるほうの下肢を上に重ねる）。

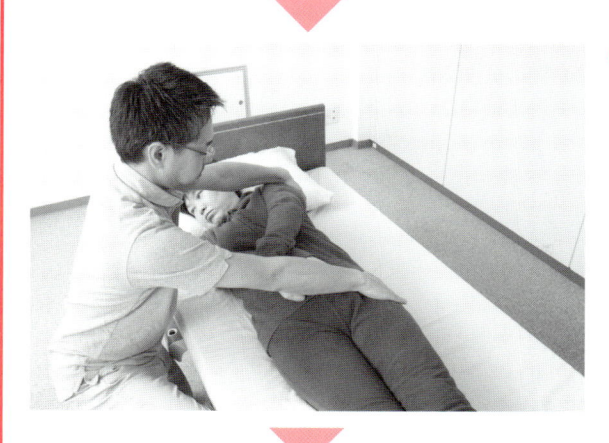

❹肩甲骨と骨盤を手掌面で支える。

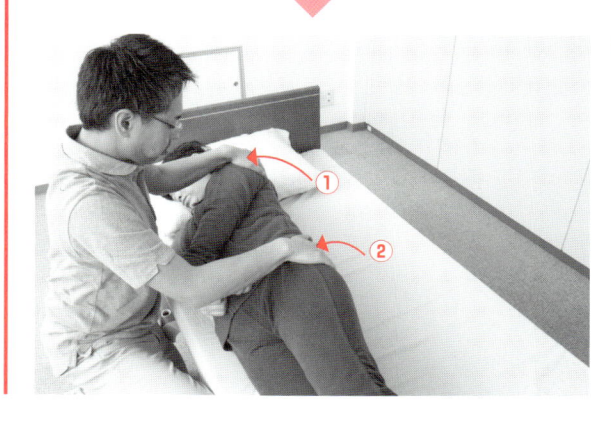

❺肩→腰の順に手前に倒す。

第1章 状態別アプローチ法　第5節 四肢が突っ張る人へのアプローチ

Point / Advice　突っ張る〈寝返り〉

❗ 寝返りは肩甲骨と骨盤が横になるまで倒さないと、後方に引っ張られて不安定な姿勢になるので注意します。

❗ 要介護者によっては、枕を入れるなどして頸部を軽く前屈させると、全身の突っ張りが軽減することがあります。

❗ 下肢の支持基底面を狭くするために、両下肢を交差させます。

❗ 膝が伸びている場合の寝返りは、腰痛や背中の突っ張りをひどくしないために肩→腰の順で行うとよいでしょう。

移乗　介助方法〜二人介助

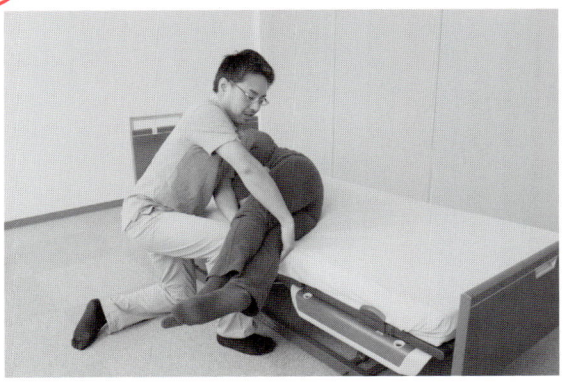

❶ 側臥位になった要介護者の両下肢をベッド端から下ろす。

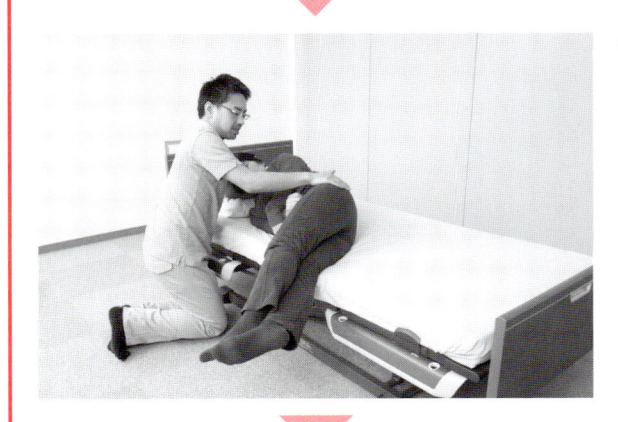

❷ 一方の上肢を頸部から差し入れて手掌面で肩甲骨を支え、もう一方の手掌面は骨盤に当てる。

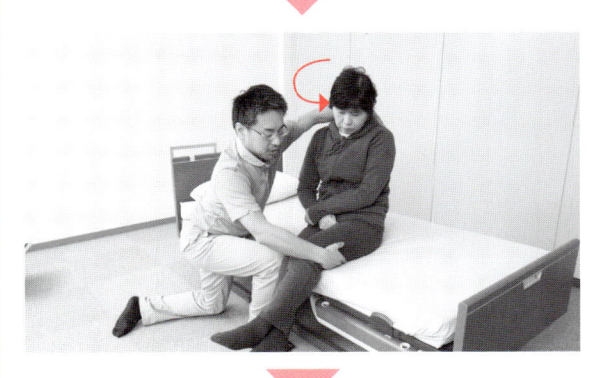

❸ 弧を描くように要介護者を起こす。

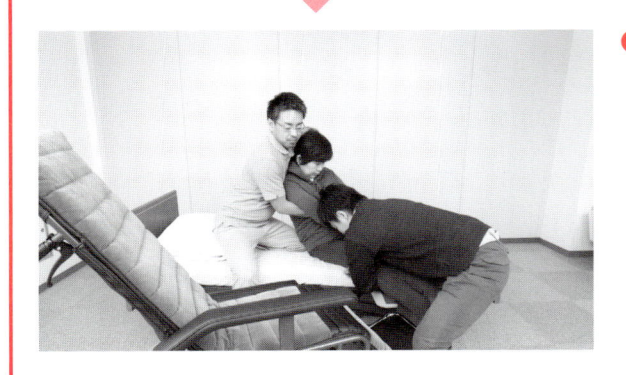

❹ もう一人がリクライニング車いすを持ってくる。ベッド側のアームレストは下げておく。一人は背後から要介護者の両脇の下に上肢を差し入れて腕を支え、車いす側へ身体を向ける。もう一人は自分の上肢を交互にして下肢を支える。

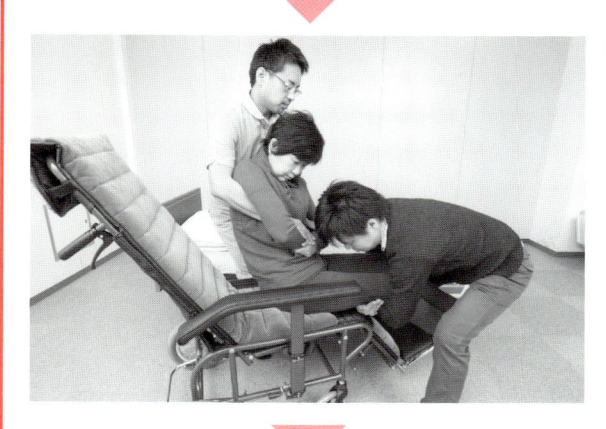

❺ そのまま平行に要介護者をリクライニング車いすへ移す。

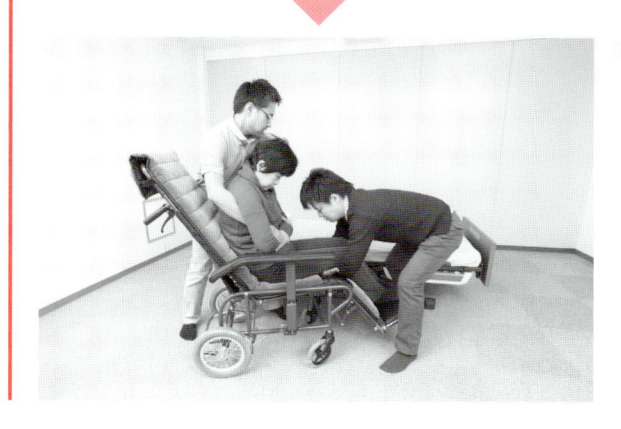

❻ 奥に深く座ってもらう。

第1章 状態別アプローチ法 ／ 第5節 四肢が突っ張る人へのアプローチ

Point Advice 突っ張る〈移乗〉

! 背もたれを倒したリクライニング車いすをベッド脇に横づけし、スライディングシートで利用者を滑らせながら移す方法もあります。

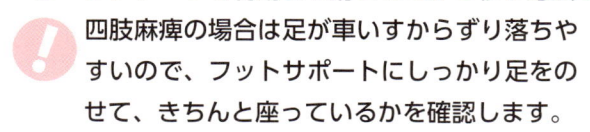

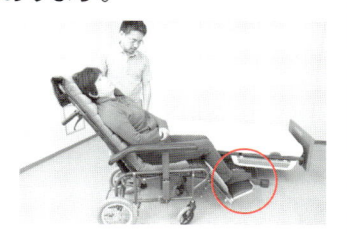

! 四肢麻痺の場合は足が車いすからずり落ちやすいので、フットサポートにしっかり足をのせて、きちんと座っているかを確認します。

! 下肢を支える介護者は、腕を交互にして広い面で支えると、上半身を支えている介護者が楽になります。

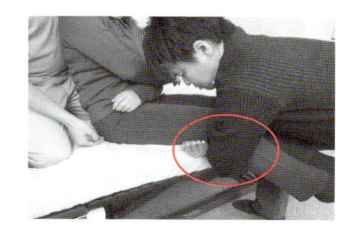

第6節
関節リウマチがある人へのアプローチ

1 関節リウマチの要因

関節リウマチとは

　慢性的かつ進行性の全身性自己免疫疾患であり、炎症性疾患でもあります。通常の関節運動や負荷で関節の変形や破壊が起こり、少しずつ進行していきます。筋肉や関節等のこわばりがあり、これが朝起きた時に10分くらいで消失する場合もあれば、1時間以上続く場合もある等、個人差が大きいといわれています。

　関節の変形や破壊は、特に小さい関節（指の関節等）が最も起こりやすく、例えば、日常生活の中でも生活関連活動（IADL）における家事動作等は、指先等の関節破壊が非常に進みやすい動作です。

　また左右どちらかに優位に偏った動作は、偏った側の関節破壊を進めてしまいます。多くみられるのは物を持つ時に片方の上肢だけで持つ、立ち上がりの時に手すりを片方だけで持って行う、片方の下肢に重心が偏った状態で立ち上がり動作等を続けている等です。

　関節リウマチのある要介護者が、以上のような動作を繰り返した結果、手指のボタンホール変形、スワンネック変形、尺側偏移、変形性股関節症や変形性膝関節症等を引き起こし、痛みが強く出現します。関節リウマチは全身性の炎症性疾患でもあるので、動作をほとんど行っていなくても体力の消耗が激しく、非常に疲労しやすいのも特徴です。そのため、活動と休息のバランスをよく注意する必要があります。

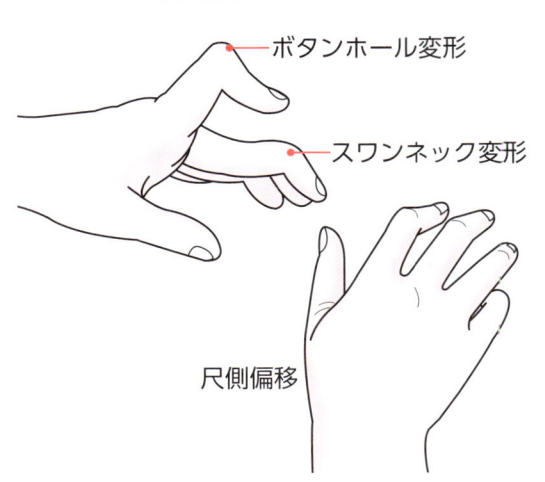

- ボタンホール変形
- スワンネック変形
- 尺側偏移

介助が困難になる点

関節リウマチの問題は、日常生活を送っているだけでも、その負荷によって関節がどんどん破壊され、変形が進んでいくことです。女性の罹患率が高く、多くの女性が担う日常生活での家事動作は特に手指の変形を進めます。

手指等の小さな関節破壊が進んでくると、例えばマグカップを片手で持ち続けるだけでも負荷になり、尺側偏移という代表的な変形を引き起こします。ほかにも、鍵を挿して指先に力を入れて回すだけで、手指の変形が起こったりします。

変形が進むと手指の関節可動範囲が狭くなるだけでなく、痛みも伴い、物をつかんだり持ち上げたりすることが困難になります。杖や歩行器を持つことが困難になると、歩行介助にも影響します。

肩関節の変形が進み可動範囲が狭くなると、特に肩関節の水平内転（上肢をすくませる動作）が難しくなり、寝返り介助時に肩甲骨を前方突出させ肩幅を狭くするという動作が行いにくくなります。また、寝返り介助時には反回旋の立ち直り反応を引き出しやすくするため、枕等を入れて頸部を軽く前屈させることが重要ですが、関節リウマチのある要介護者の場合は高さのある枕を使用し続けていると頸椎への負荷がかかり、特に頸椎一番と二番の亜脱臼が起こりやすいといわれています。寝返り時に頸椎の前屈が促しにくい結果、反回旋の立ち直り反応が引き出しにくくなり、介助量は増加します。

頸椎の負荷を軽減させるために頸椎カラーの装着が必要になる時がありますが、頸椎カラーを使用していると頸椎の回旋が行いにくくなり、寝返りだけでなく歩行や移乗時の方向転換も行いにくくなります。

日常生活ではなるべく大きい関節を使用し、左右どちらかに負担が集中しないように注意します。立ち上がり等でもつかまるところが左右どちらか一方にしかなく、左右どちらかに偏っていた場合、優位に使用していた側の下肢の変形が進みやすくなり、痛みも出現すると動作が行いにくくなります。そのためどのような介助でも左右均等に負荷がかかるような方法を検討するのが基本です。

そして全身性の炎症性疾患は疲労しやすく、動作の途中で疲れ果てたり介助中に力が入らなくなったりすることもありますので、注意します。

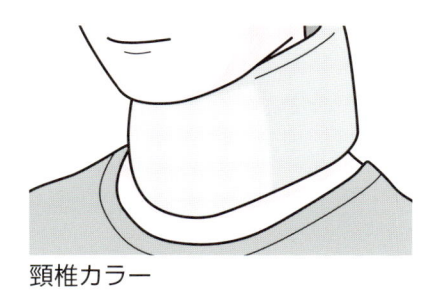

頸椎カラー

2 アプローチ法

要介護モデル　関節に苦痛があり、頸部が亜脱臼しやすい状態にある

寝返り　介助方法

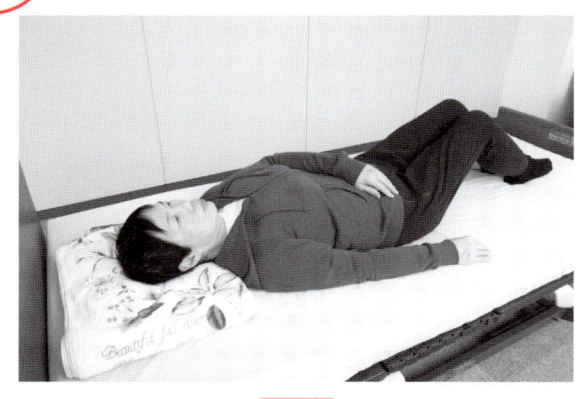

❶ 頸部は前屈させないで、まっすぐの位置にする。

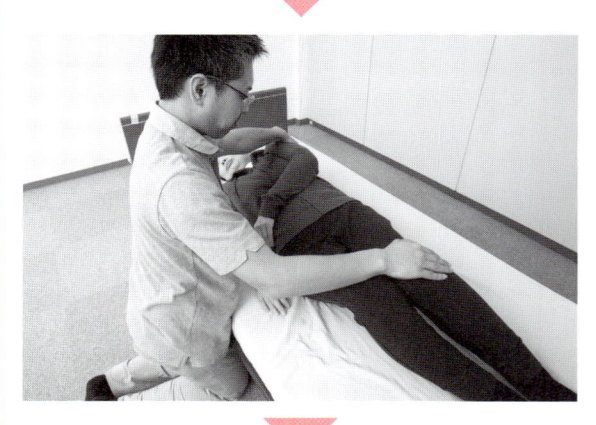

❷ 関節の抵抗感をわずかに感じる程度に上肢や下肢を動かす。上側になる上肢は内側にすくませ、肩甲骨を無理のない程度で前方に出すようにする。下肢も無理のない程度に両股関節や両膝関節を屈曲する。

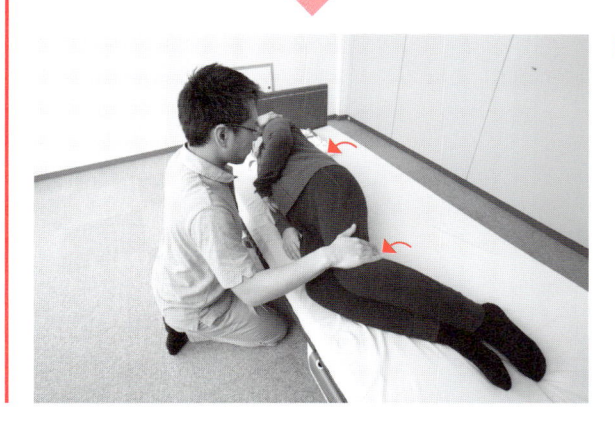

❸ 要介護者の肩と膝の側方を手掌面で支え、脊椎に負担をかけないように、上半身と下半身の（脊椎の）ねじれを引き起こさないように注意しながら、寝返る側へ身体を同時に倒す。

第1章 状態別アプローチ法　第6節 関節リウマチがある人へのアプローチ

Point Advice　関節リウマチ＜寝返り＞

! 寝返りは、顎を引く（頸部前屈）動作が重要です。首がうしろに反った状態では、寝返り介助が困難になります。寝返りを始める時に、肩の動きが先行して、頭部が後方に残ってしまう光景をみかけますが、頸部の動きにも配慮して介助します。

! 亜脱臼は関節の変形があまりみられず、外見上はわかりにくいため、痛みや腫れがないかを常に注意することが大切です。無理に動かすと痛みや腫れが強まる可能性があります。

! 関節リウマチの場合は、圧迫骨折の時と同様に、脊椎に負荷をかけるような介助は痛みや変形を引き起こす可能性があるため、寝返りの時は脊椎をねじらないように上半身と下半身を同時に倒します。

! 関節リウマチのある要介護者は、関節を無理に動かすと関節破壊が進みやすいので、関節の負荷を極力減らす介助の工夫が必要です。基本的には関節が動く範囲内で、痛み等が出現しない程度に動かします。寝返り介助時は頸部と肩関節に特に配慮して枕を高くしすぎないこと、上肢を小さくまとめる時に抵抗感があったら無理に動かさないことが大切です。

●枕は高くしない

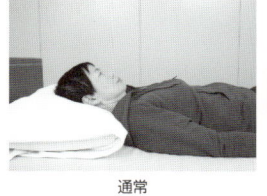

通常 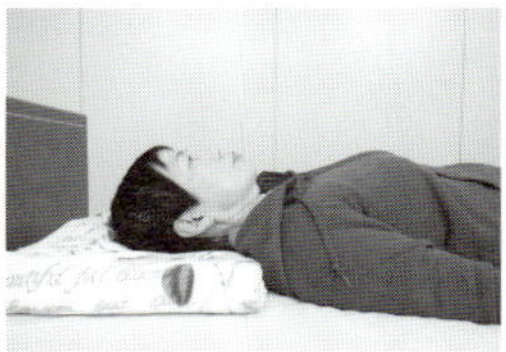　　　関節リウマチの場合

●肩甲骨を無理に外側にしない

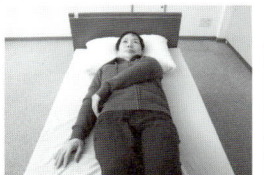

通常 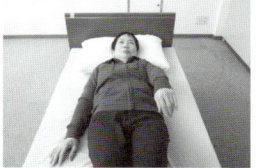　　　関節リウマチの場合

起き上がり　介助方法

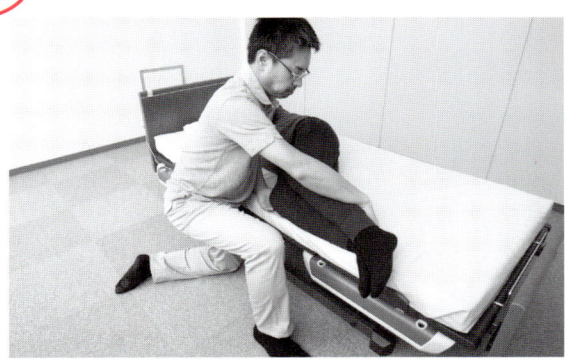

❶ 両下肢をベッド端まで動かす。

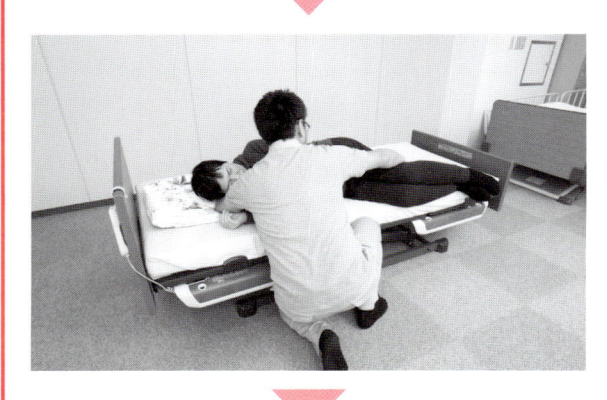

❷ 頸部を前屈させないで、介護者の上肢を頸部の下に差し入れ手掌面で肩甲骨を支える。一方の上肢は膝側面を支える。

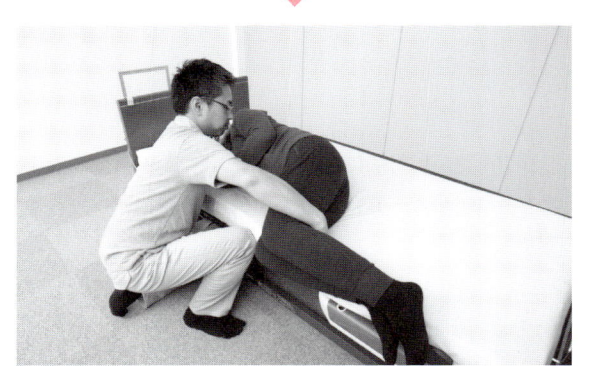

❸ 上半身を起こす時には、弧を描くような回転はせずに、最短距離を通るように誘導する。

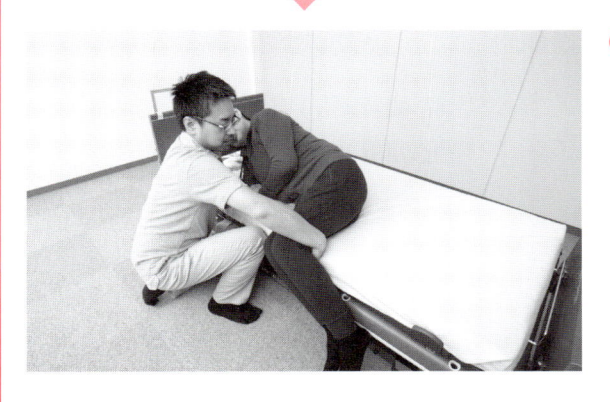

❹ 上半身を起こすのと同時に両下肢をベッド端から下ろし、脊椎が傾かないようにする。

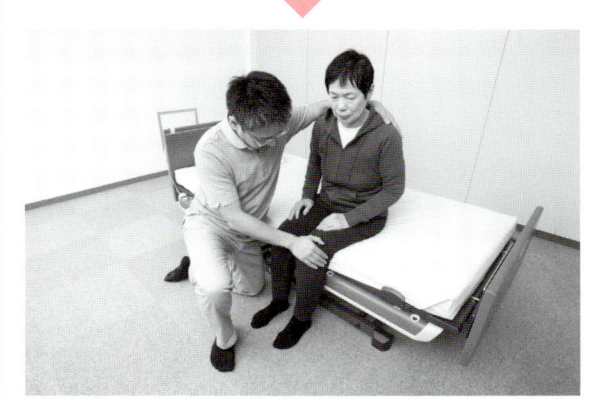

❺両足がしっかり床につくようにする。

第1章 状態別アプローチ法　第6節 関節リウマチがある人へのアプローチ

Point / Advice　関節リウマチ＜起き上がり＞

> ❗ 必ず身体を横向きにしてから、起き上がり動作をします。その時に、反動や急激な力を加えると頸部に負担をかけるので注意します。肩甲骨まで上肢を差し入れ、肘関節内側で要介護者の首を支え、声をかけてゆっくり起こします。

> ❗ 関節リウマチは進行すると関節の脱臼や変形が起こり、動きが制限されます。要介護者の痛みや、関節障害の部位と程度をその都度確認し、無理のない範囲で介助します。

> ❗ 特に要介護者の手指に変形があり痛みが強い場合は、ベッド用手すり等につかまってもらう介助は手指の痛みを助長する場合があります。残存機能を活用するつもりが、更に変形や痛みを助長させることがあるので、手指の痛みが強いときは無理にベッド用手すり等につかまらせないほうがよいこともあります。

> ❗ 起き上がり介助時は、脊柱が傾くことで負荷が集中してしまうので、上半身を起こすのと足の下ろしを同時に行い、脊椎に傾きが起きないように介助します。また介護者は負担が大きいですが、この場合は弧を描かずに最短距離で起こします（30頁参照）。

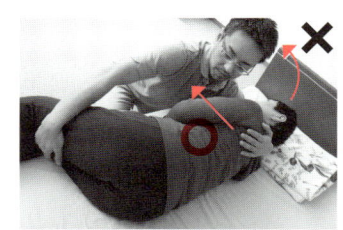

起こす時は直線的に

立ち上がり　介助方法

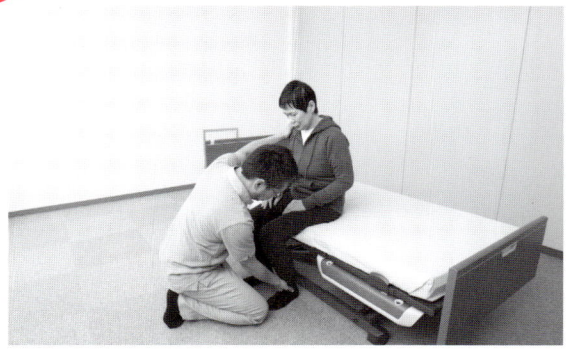

❶ 各関節の負担にならない範囲で足をうしろへ引く。

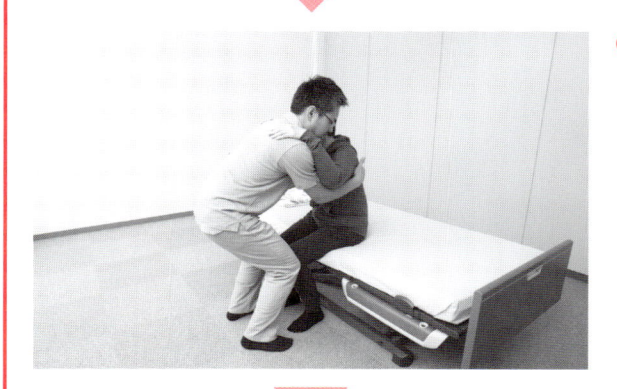

❷ 正面に立って、両脇に上肢を差し入れる。

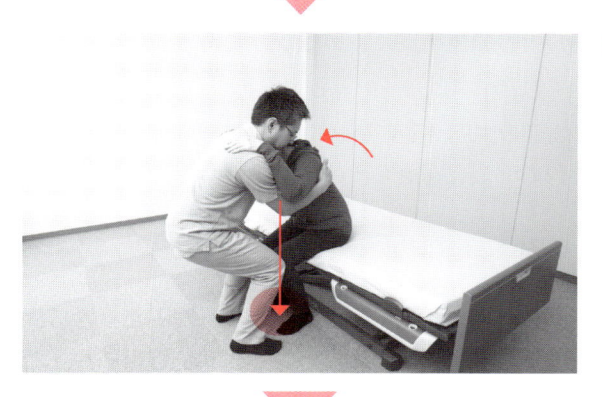

❸ 腰を落として、要介護者の体幹を前方に傾け、上半身の圧中心点が要介護者の両足部で構成する支持基底面内にくるように誘導する。

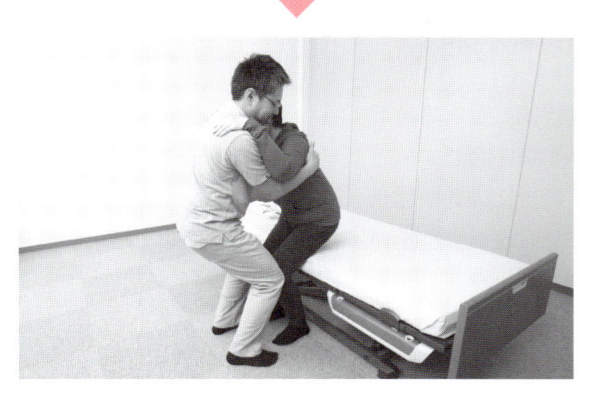

❹ 立ち上がらせる時に、左右どちらかに身体が傾いたり、どちらか一方の下肢や上肢にのみ負担がかからないように注意する。

第1章 状態別アプローチ法　第6節 関節リウマチがある人へのアプローチ

> Point
> 関節リウマチ〈立ち上がり〉
> Advice

!　関節リウマチのある要介護者に対して手引きで立ち上がらせるような方法は、ともすると手を引っ張ってしまい手の関節に過剰な負担をかけてしまうことがあるため、あまり向かないでしょう。要介護者と重心をあわせ、どこかひとつに負荷が集中しないような介助を常に心がけます。

!　ベッド用手すり等につかまってもらって立ち上がり介助を行う場面をよくみかけますが、つかまるところが左右のどちらか片方にしかないと、つかまっているほうに重心が寄ってしまい、一方の膝等に負荷がかかり、変形や痛みを助長します。何かにつかまって立ち上がりを促そうとする時は、両側に用意してください。

!　関節への負荷が関節破壊を進めるため、関節リウマチのある人の介助で最も注意すべきことは、関節への負担を極力減らすことです。立ち上がり時に左右どちらかに重心が片寄った状況での動作を繰り返すと、変形性膝関節症や変形性股関節症、手指の変形等を起こしやすくなります。できる限り左右対称の動作になるように注意します。どちらかに傾きが強い場合は、傾きやすいほうに介護者が位置するようにします。

移乗　介助方法

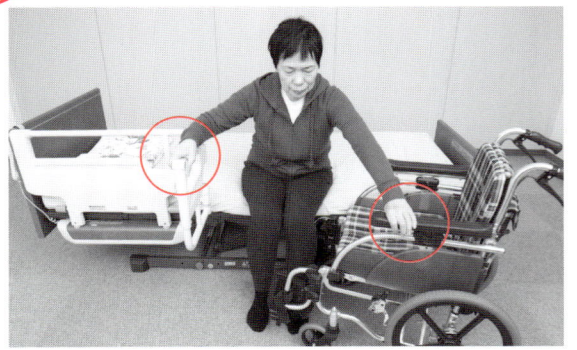

❶ 要介護者に浅く座ってもらい、一方は手すり、一方は車いすの遠いほうのアームサポートを握ってもらう。

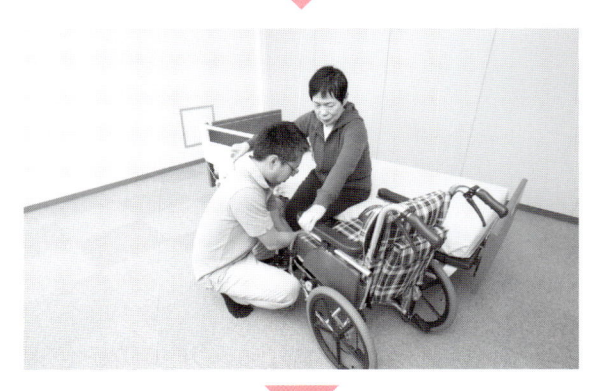

❷ 介護者はベッドと車いすの間に位置し、要介護者の足をうしろへ引く。

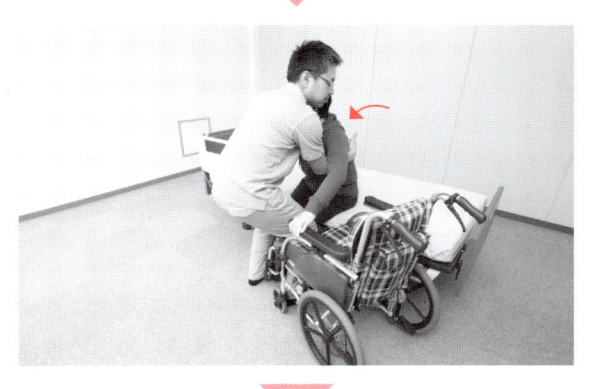

❸ 両脇から上肢を差し入れて、肩甲骨の下角を支える。体幹を前傾させて、上半身の圧中心点が両足部で構成した支持基底面内にくるようにする。

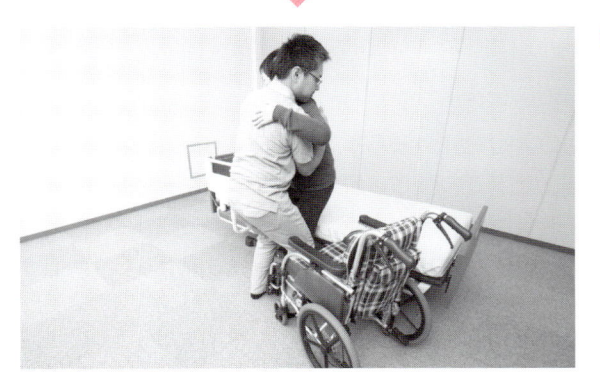

❹ 左右均等に体重がのるように立たせる。

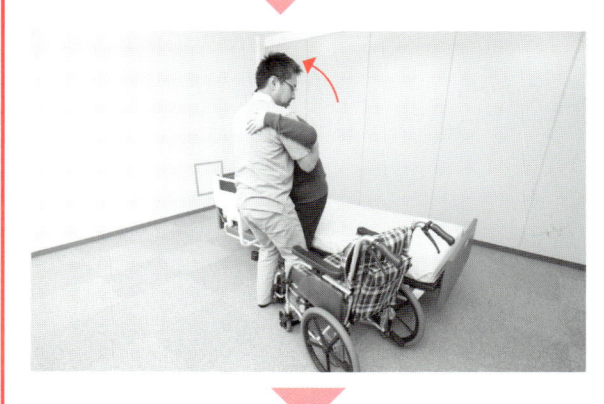

❺方向転換する側の反対のほうに軽い重心移動を促し、方向転換する側の下肢を前方に振り出す。

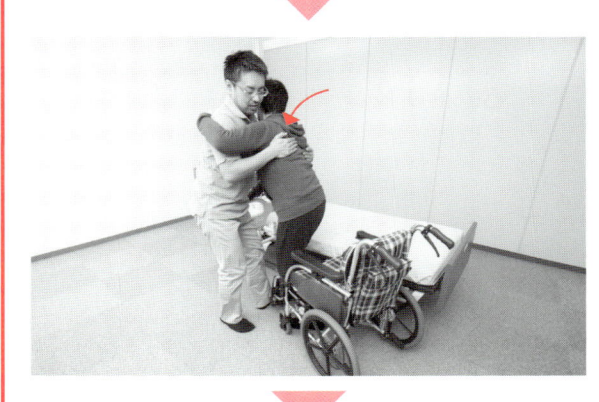

❻方向転換する側（先ほどと反対のほう）に重心移動を促し、方向転換する側の反対の下肢を引き寄せる。

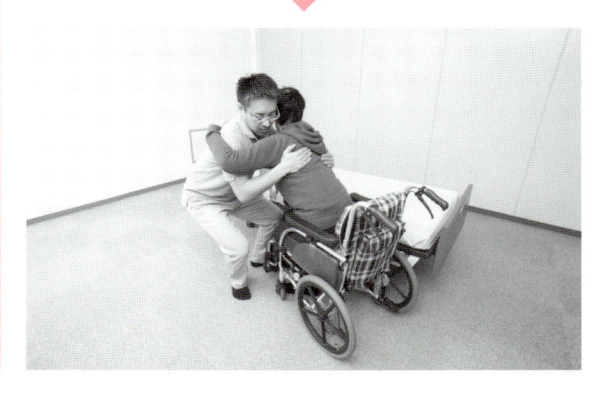

❼体幹を前傾しながら、ゆっくりと腰を下ろす。

Point 関節リウマチ〈移乗〉 Advice

! 立ち上がる時に股関節に痛みがあり深く前屈みができない場合は、足をうしろに引くことを特に意識すると、前傾姿勢がとりやすくなります。

! 膝や股関節など、下肢の痛みから移乗中に膝折れなどを起こす危険性が高いので、ベッド用手すり等につかまれるのならつかまってもらい、後方から骨盤をしっかり支えることが大切です。

衣服の着脱　介助方法

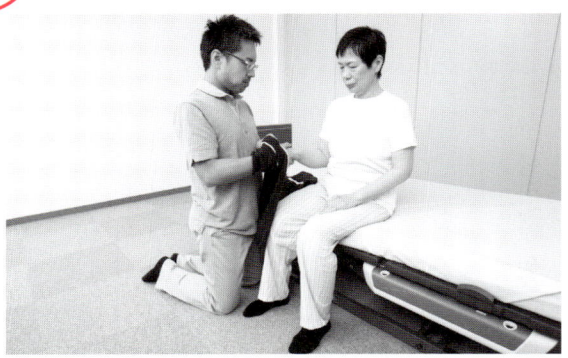

❶着る時は痛みの強いほうから袖を通していく（脱健着患）。

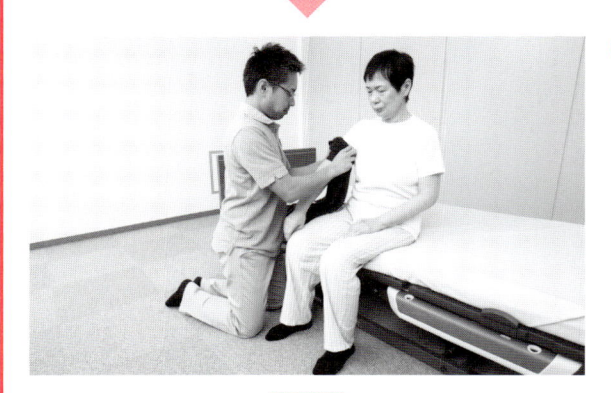

❷長袖はなるべく袖をたくし上げておき、肩回り等に余裕をもたせる。

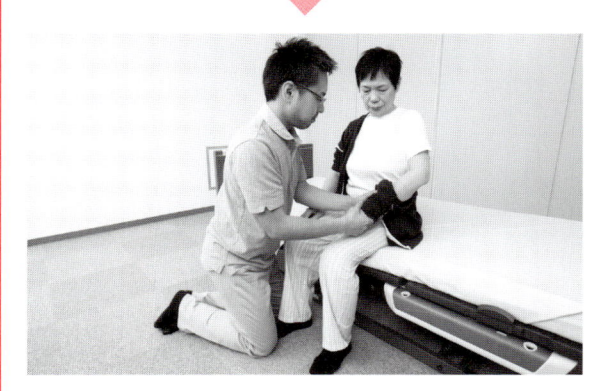

❸反対側の袖も通す。

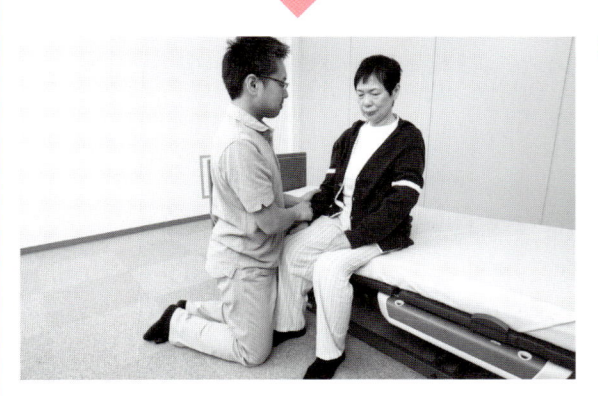

❹肩に上着をきちんとかける。たくしあげていた袖を戻す。

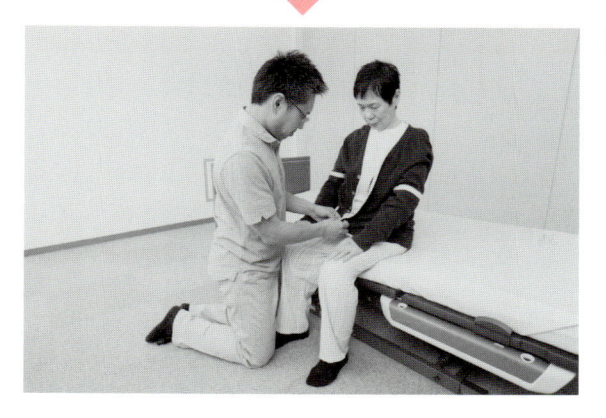

❺ボタンやファスナーを介助する。最後に全体を整える。

第1章 状態別アプローチ法　第6節 関節リウマチがある人へのアプローチ

Point Advice　関節リウマチ＜衣服の着脱＞

! 関節に苦痛があり、亜脱臼しやすい要介護者に対し上肢を挙上することは避けます。
! 上着はなるべく緩みのある、前開きのものが着替えやすいです。手や足の拘縮等で衣服の着脱が困難な時には、肩と脇の縫い目をほどき、そこにマジックテープをつけて開閉式にします。ズボンやスカートはウエストをゴムにかえます。

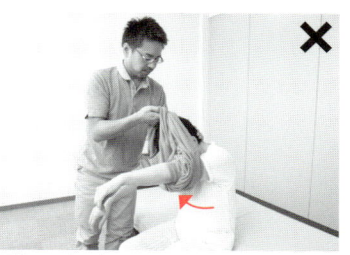

通常のかぶりだと上肢を挙上せざるをえないので、着用を避ける

! 関節に負担のかかる動作は変形を助長するので、指先等に負荷の少ない支援の方法や福祉用具の検討をします。

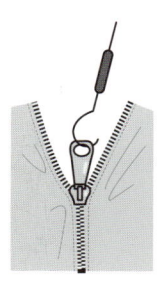

リーチャー 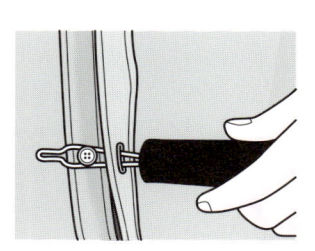　　ボタンエイド 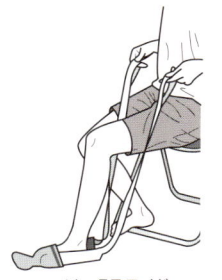　　ソックスエイド

食事　介助方法〜福祉用具を使って

❶用具は要介護者の状態にあわせる。握力が弱ければ柄の部分がスポンジになっていて太さを選べるもの、手に巻きつけるベルトつきのもの、さらに手指の変形にあわせて柄の形をかえることができるもの等がある。

Point Advice　関節リウマチ＜食事＞

❗ 視覚、嗅覚等の五感を刺激して食欲増進を図り、自分で食べようという気持ちを促して、自分で食べられることができるように工夫します。

❗ 福祉用具を活用します。スプーンやフォーク、お皿等、現在は用途にあわせた豊富な種類があります（97頁）。

column#5

食事の場面で活躍する福祉用具

現在は福祉用具も種類が豊富にあり、介護現場でも様々なシーンで使われています。ここでは、食事に関連する福祉用具の一部を紹介します。

①カラトリー

形状記憶

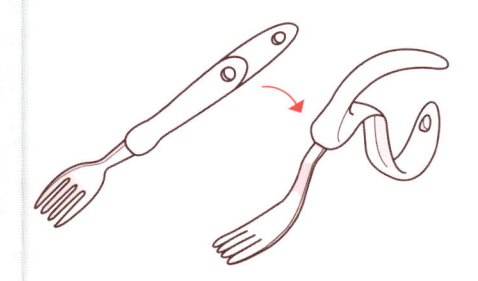

柄がスポンジ

ベルトで巻くもの

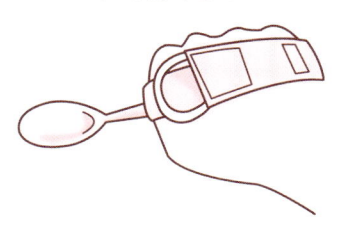

継ぎ目のないスプーン

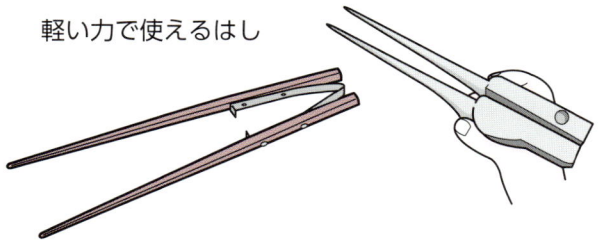

軽い力で使えるはし

②お皿やお椀

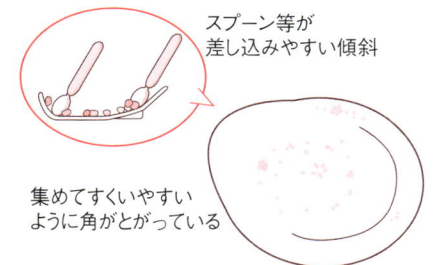

スプーン等が差し込みやすい傾斜

集めてすくいやすいように角がとがっている

取っ手つきお椀

③その他

すべり止めマット

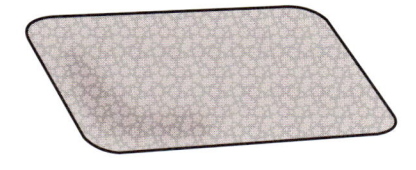

お椀等のすべり止め

第7節 認知症がある人へのアプローチ

1 認知症と介護

認知症とは

認知症とは「一度成熟した知的機能が、何らかの脳の障害によって広汎に継続的に低下した状態」であり、疾患名を表すものではありません。例えば、利用者が「アルツハイマー病」に罹患していたとしても、「知的機能が広汎に継続的に低下した状態」でなければ「アルツハイマー型認知症」ではないということになります。

代表的な認知症であるアルツハイマー型認知症や血管性認知症、そのほかレビー小体型認知症、前頭側頭型認知症（ピック病）等は根本的な治療が難しい認知症です。一方で慢性硬膜下血腫や正常圧水頭症、脳腫瘍などから起こる認知症は、原因疾患の治療により根治が可能です。

症状としては、原因疾患から直接発生する記憶力障害、見当識障害、遂行機能障害、病識の欠如、失語・失行・失認等が代表的なもので、これらは「中核症状」と呼ばれます。更に、もう一つの症状にBPSDと呼ばれるものがあります。以前は「周辺症状」と呼ばれていたもので、徘徊や攻撃的な行動、興奮、異食等、ケアする側が大変なことから問題行動ともいわれていました。

しかし、実際の介助場面では妄想などのほうがリスクや負担の大きいこと、特にレビー小体型認知症や前頭側頭型認知症等では記憶障害よりも幻覚や病的なこだわりなど精神症状のほうが問題になる場合も多く、昨今では「認知症に伴う行動および心理症状」（BPSD：Behavioral and Psychological Symptoms of Dementia）という言葉がよく使われるようになりました（池田学『認知症―専門医が語る診断・治療・ケア』中公新書、2010より）。

中核症状については根本治療が不可能でも、BPSDは薬物療法があったり、出現の原因がわかりやすいものもあるなど、軽減

できる方法はたくさんあります。例えば、弄便行為はおむつ内等に排便した状況が理解できず、不快さから直接便にさわり、それを拭き取るために布団や壁に便を擦りつける行動だといわれています。つまり、適切なケアによってトイレなどで排便を促し、おむつ内での排便をなくせばよいわけです。不快とは「その人にとって不快なもの」すべてが対象になるため、様々なものがあります。痛みやかゆみなどの身体的要因、騒音や関わり方等、原因はいろいろと考えられるため、一つずつ丁寧に要因を探って解消していくことが大切になります。よく推奨される「否定しない」話し方や指示、「誤りを起こさせない」関わり方は相手を不快にしたり、混乱させない方法の一つです。

また中核症状やBPSDがあるために、介助時に介護者側からの話しかけが理解しにくい場合があります。それは介助がしにくくなるばかりでなく、介護者にとって予測外の動きが発生し、要介護者の転倒・転落等の事故の危険性も高まります。介護者は認知症のある人の中核症状やBPSDについて評価し、適切な理解の促しや誘導を行う必要があります。

認知症の中核症状とBPSD

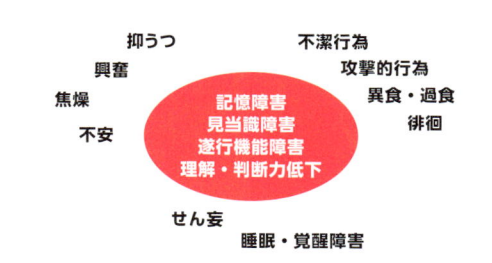

介助が困難になる点

介助を行う時、介護者側のお願い（指示）が要介護者に理解されないと、介助の実践が困難になります。中核症状やBPSDによって混乱している状態では、介助時のお願いが通じにくくなってしまいます。例えば、認知症のある人は起居動作の介助時にベッド用手すり等をしっかり握り込んでしまう傾向がみられ、起き上がりや移乗の介助に必要な「体幹の前傾姿勢」をとれない場合があります。また、歩行介助時に座るところがないのに急に座り込もうとする、更衣時に着脱の順番がわからない状況になる等もあります。ほかにも、摂食嚥下を促す時に食べ物がどういうものかの認識が難しくなってくると誤嚥したり、食べ物でもないのに何でも口に入れてしまう危険性が高まります。

BPSDによる混乱だけでなく、中核症状による認識や見当識、記憶力低下の問題、失行・失認よる高次脳機能障害によるものなど、身体機能には直接的な問題がなくても動作遂行が困難になるのも認知症の特徴です。

アセスメントを行う時には、身体機能の問題なのか認知症による認知機能の問題なのか判断がつきにくいことも多いので、まず認知機能の問題を確認してから、身体機能の問題を確認していきます。先に認知機能の確認を行っておかないと、身体機能のアセスメントの正確性がずれてしまうことが多いからです。

2 アプローチ法

要介護モデル　アルツハイマー型認知症のため記憶機能が低下し、見当識障害も出始めていて不安が強い

認知症がある人への理解の促し方、誘導の仕方

❶声の大きさを調整する

　まず難聴の程度によって、介護者の声の大きさを適度にあわせます（低音域のほうが聞き取りやすい等）。また、中核症状によって記憶力と、特に理解力の低下がみられる場合には、介護者の話す速度によって話の内容が理解しにくくなることもあるため、その時は話しかける速度を遅くする等の対応が必要な場合もあります。

❷語数は少なめに

（まだ新聞をみてないから、わからないわ）
（今日は、何年何月何日ですか？）

ます。そして、その時の要介護者の回答がどのような状況なのかを評価します。もしこの問いに対して適切な回答（正確な日付けを答えること）ができなかったとしても、「今日はまだ新聞をみていないからわからない」等の回答があった場合には、答えはわからなくても介護者の質問の意図は理解できているわけですから、介助時も介護者の声かけが通じる可能性があります。

　次に、一度に話しかける時の語数にも注意が必要です。脳はコンピューターと同じなので、情報処理能力が低下している時に一度に話しかける語数が多くなると、情報を処理しきれなくなり、活動が低下してしまう可能性があります。

　例えば「今日は」「何年の」「何月何日ですか？」という問いかけをしたとします。この文例は三つの語数（三語文）で構成されてい

（買い物に行ってきます）
（今日は、何年何月何日ですか？）

しかし、この問いに反応できずに固まってしまったり、全く見当違いな回答をしてきた場合は理解できていないということなので、三語文では情報が多すぎて理解できていない可能性があります。

脳の情報処理能力が低下している時は、「今日は」「何月何日ですか？」と、一つ語数を減らしてみて、二つの語数（二語文）で話しかけてみましょう。その時に、適切に答えられたり、「今日はまだ新聞をみていないからわからない」等の回答があった場合には、二語文での話しかけが要介護者にとって適切な情報量であるということになります。このように、介助する時も要介護者が理解しやすい適切な語数で話しかけて、誘導するようにします。

（吹き出し）今日は〇月△日でしょう
（吹き出し）今日は何月何日ですか？
（吹き出し）二語文ならスムーズに理解できてるわね

Point Advice　認知症＜理解の促し方＞

! 認知症の症状の中には意欲の低下もみられたり、やる気が起こらない、やりたくない等の思いから、動けるのに動作が制限されてしまうことがあります。認知症が進行するにつれて様々な支援が必要になっていきますが、どの場面においても、認知症のある要介護者の心理的な安定を図ることを原則に、ケアに当たっていきます。

! 認知症ケアでいわれる注意事項として、記憶力の低下している要介護者に「先ほどいいましたよね」等、以前のことを確認するような声かけは一層の不安を強めてしまうために注意します。また記憶障害があり、介護者の顔も名前も覚えていない要介護者に「〇〇さん、こんにちは」というような話しかけは、「なぜ知らない人が私の名前を知っているのだろう」と不安にさせてしまうことがあるといわれています。更に、「いつものように足を引いて」等の「いつもの…」という話しかけは記憶障害のある要介護者の不安を煽ります。

記憶障害が顕著にみられる場合には、誘導する時に毎回「初めてである」というような関係性の中で行うようにします。

立ち上がり　介助方法

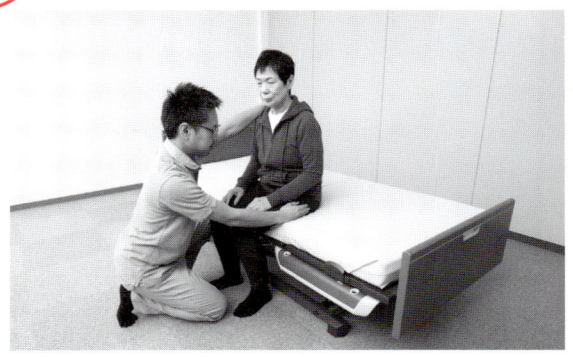

❶ 浅く腰をかけてもらい、足をうしろへ引いてもらう。

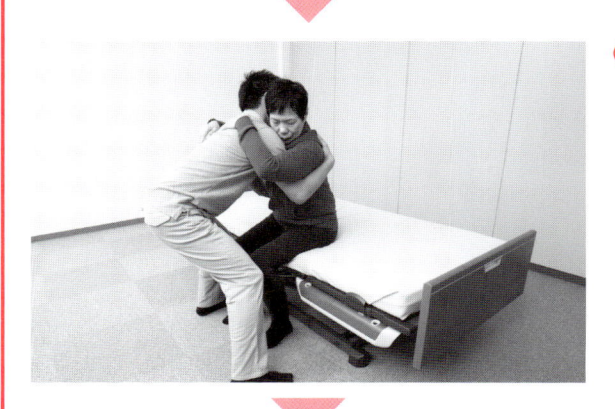

❷ 介護者は要介護者の正面から向き合い、お互いに組み合うようにする。その時に、手すり等のつかまるところが要介護者の視界に入らないようにする。

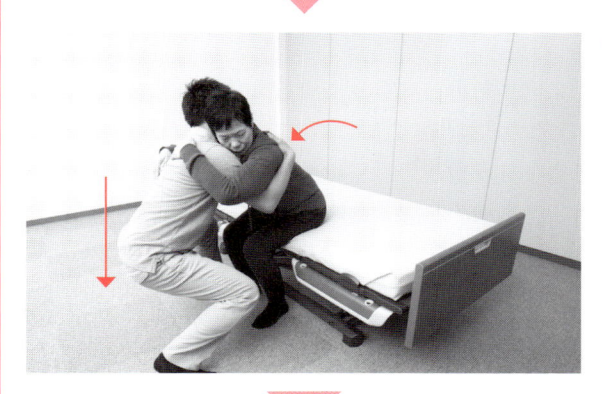

❸ 正面から介護者と要介護者が組み合うと、介護者の身体が要介護者の体幹前傾を邪魔するため、介護者は腰を落として、要介護者の体幹前傾を促す。

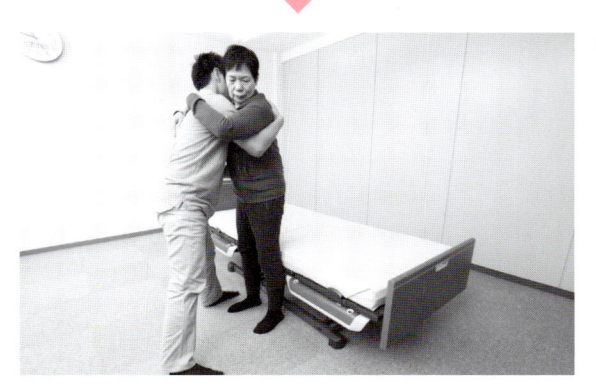

❹ しっかりと立ち上がる。

第1章 状態別アプローチ法　第7節 認知症がある人へのアプローチ

Point 認知症＜立ち上がり＞ Advice

> ❗ 声かけ等の理解が難しい場合には、動作を一つひとつ誘導することが大切になります。立ち上がり等は手引き介助（66頁参照）で行うのもよいでしょう。

> ❗ 認知症のある人は、立ち上がりや移乗の介助時に手すり等のつかまれるところがあるとしっかり握り込んでしまい、各動作の最初のポイントである体幹の前傾が難しくなり、臀部を浮かせることができない状態になる光景をよくみかけます。そこでまずは、つかまれそうなところが要介護者の視野に入らないようにすることが大切になってきます。

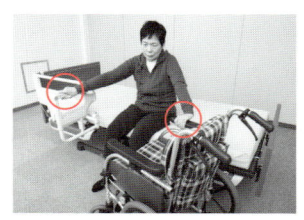

こんな場面をみかけませんか

移乗　介助方法

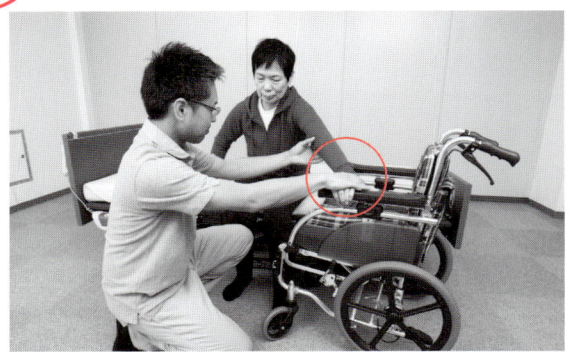

❶ 動作前の誘導を行う。まずはアームサポートを持つ位置を誘導する。

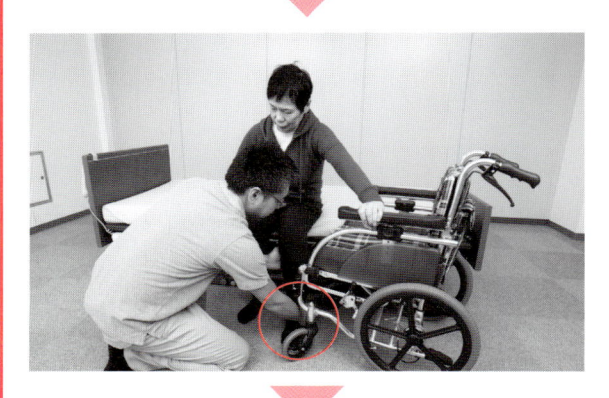

❷ 次に足部のおく位置を誘導する（車いす側の足は手前へ、もう一方の足はうしろに引く）。

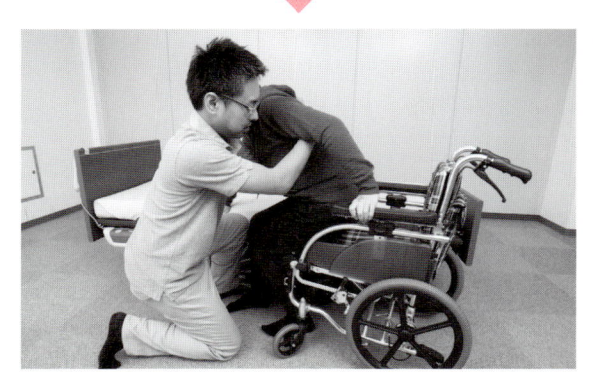

❸ できない部分の移乗を誘導する。

> **Point** 認知症＜移乗＞ **Advice**

> ！ 声かけだけで動作を促すのが難しい場合は、一つひとつの動作を誘導することが必要になります。声かけも理解しやすい方法を工夫して、「さっきと同じような動きで…」等の過去の例を持ち出すのは不安になったりするので、内容にも注意するようにしましょう。

> ！ 反回旋の立ち直り反応（29頁参照）をうまく活用すると、手すりを握り込んで動けなくなるような状況を回避できる場合があります。
> ！ 本来は、まず立ち上がりや方向転換の動作にあった姿勢の準備を行いますが、周囲の状況やこれからの動き方、誘導が理解しにくい場合は、動作前の姿勢の準備よりも、動作後の位置に手すり把持や足部を配置すると、動作が行いやすくなります。

column#6

認知機能の確認の仕方

　ここでは、要介護者の認知機能を知るために、確認すべき項目とその方法を紹介します。ケアをする時に役立ててください。

確認項目① 「難聴はありますか」

　基本的に聞こえているかを確認します。最初は、通常の声の大きさで話しかけてみます。周囲が騒々しくて聞き取りにくい等の返答があれば、声を少し低くして、再度声かけをします。それでも聞き取りにくい時は、声の大きさを少しずつかえて、聞き取りやすい大きさを確認します。

確認項目② 「話す速度」について

　話す速度が速すぎるために、脳内での言語の情報処理が追いつかず、理解できていない場合があります。ただし、逆に速度が遅すぎると、記憶力の低下がある場合に最初の文章が失われてしまい、会話の意味が理解できないということもあります。

　また、一文字ごとに間延びした話し方はよけいにわかりにくいです。ゆっくり話しているつもりが、子どもに話しかけているようになっている介護者を時々みかけますので、気をつけます。実際にどのような感じでうまく理解が促せたのかを介護者間で情報共有すると、最も伝達しやすい方法がみつかるかもしれません。

確認項目③ 「一度に理解できる語数」について

　この語数から確認するというルールはありません。基本的に介助する時は、これから何を行うか、協力してもらいたい内容などを説明します。丁寧に説明するのはよいですが、その丁寧さが語数の多さにつながり、逆に要介助者にとってわかりにくくなっていることがあります。要介護者が説明後に戸惑っていたり、動きが急に減ってきた時は、少しずつ語数を減らして会話をしてみましょう。

　下記の表では、伝えやすさを考え、HDS－R（改訂長谷川式簡易知能評価スケール）の内容を例にしました。よく言われていることですが、この内容をそのまま使用すると、要介護者の気分を損ねてしまうことがよくあります。普段の会話の中で語数を調整し、評価してみてください。

認知機能の確認項目 （問題があれば□にレ点を記入）

- ❶難聴はありますか　□
- ❷速度に問題はありますか　□
- ❸一度に理解できる語数確認　□
  - ・お年は、いくつですか？【2語】
  - ・今日は、何年の、何月何日ですか？【3語】
  - ・100から、7を、順番に、引いてください。【4語】

column#7

認知症のある人への介護

①衣服の着脱について

着替えの時間、習慣を設定し、手順を繰り返し説明するようにしましょう。手を添えて、一緒に行うようにしてもよいでしょう。

ボタンは上からかけていくと上下があわなくなる場合が多いので、下からかけていくようにします。前後を間違える場合は前に模様のある衣服を選んだり、取り外してできる目印をつける等の工夫をしましょう。

重ね着や脱衣行為がある場合は、無理に脱がしたり着せたりせずに、声かけで工夫します。また、不潔行為がある場合は、便失禁という現象にとらわれ、ともすると早急につなぎ服の着用を考えたりしますが、それは解決になりません。その人の生活歴を見直してみたり、排泄パターンの把握や環境への配慮、介護用品、衣類等を工夫し、早目に支援します。特にプライバシーにかかわるところですので、失敗はやさしく受け止め、羞恥心に配慮します。

②食事について

口腔内や口周囲、嘔吐や食欲の有無、便の状態、活動性等、身体も含めた全体を観察するようにしましょう。

●過食のある場合

食べたことを忘れて何回も食事を要求する人には小さなおにぎりやバナナ、おせんべい等を用意します。食事量をチェックしながら、その人にあった食事を判断しましょう。

また、声かけでは「さっき食事はしましたよ」というような過去を振り返る内容は、混乱や不安を煽るので避けましょう。

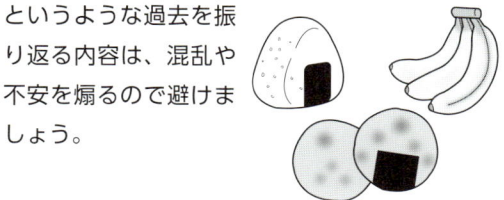

●食欲がない場合

好きな物から勧めて、徐々にほかの物を摂取するようにします。彩りのよい食事にするなど工夫をしましょう。

食べ方、はしの使い方がわからない場合は、手でつまめるおにぎり、お寿司、サンドウィッチのような食事を準備します。

また例えば、子どもや夫の食事の準備ができていないと心配して食べないというような心理的背景がないかも探ります。

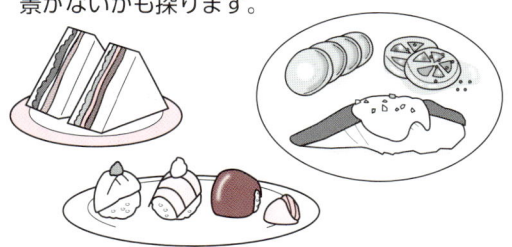

●異食がある場合

口の中に入れてはいけないものは本人の近くに置かないようにしましょう。食事に不満を持っていないかどうか、どんな時に、どんな物を食べようとするのかを確認しておきます。

第2章
場面別アプローチ法

本章では、狭い空間内での介助であったり、
介護者と要介護者に体格差がある場合等、
介助が困難になる「場面」について、介護職から難しいとの声が
よく挙がる介助の「場面」ごとに、その方法論を具体的に学びます。

第2章
介助を困難にするもの

介助を困難にしている点はなに？

　介助が困難になる原因として、身体的要因（疾患や障害等）以外では、環境要因が影響します。本章では、介護者が介助しづらい環境としてよく聞かれる場面を設定し、それぞれの場面についての介助法を解説します。

●空間が狭い
なぜ空間が狭いと介助しにくいの？

　人は動く時に必ず重心移動を伴います。そのため、重心移動を適切に行う状況が阻害されると、動作介助は困難になってきます。例えば、狭い場所では立ち上がる時の体幹の前傾、また浅く座る時の左右の重心移動が行いにくくなります。特に重介助が必要な要介護者の場合は介護者が一緒に狭い空間内に入りますので、さらに空間が狭くなるのは容易に想像がつきます。

　狭い空間としてよく耳にする場所はトイレや浴室ですが、狭い空間でも介護者はどの位置に立って介助を行えば要介護者の重心移動を妨げることがなくなるかを考えれば、介助しやすい立ち位置もわかりますし、住宅改修を行うときでも必要な空間の確保が把握しやすくなります。

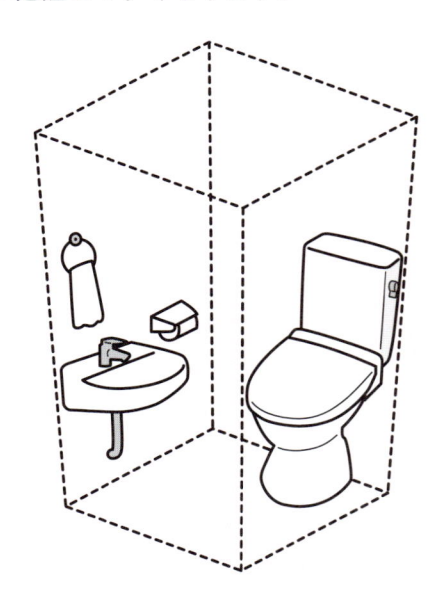

●重心移動の距離が長い
なぜ移動距離が長いと介助しにくいの？

　座っている位置（座面）が低い場合、立ったり、ほかへ移乗する時に重心移動の距離が長くなりますので、筋力低下の著しい要

介護者ほど、要介護者の力を期待できないため介護者にかかる負荷は大きくなり、要介護者のほうもうまく重心移動ができないために不安定な姿勢となり、さらに負担がかかります。

このような場合、要介護者が効果的に動作を行うためには体幹の前傾を通常よりもしっかりとる必要がありますが、さらに空間が狭い場面になると、それ自体が不可能になります。介助が困難な状況としては、その多くが玄関の上がり框などで移動距離が求められる場面です。

そこで臀部を少し前方へ移動させます。足が引きやすくなり、上半身の圧中心点を両足部の支持基底面内に入れやすくなるため、立ち上がりがしやすくなります。

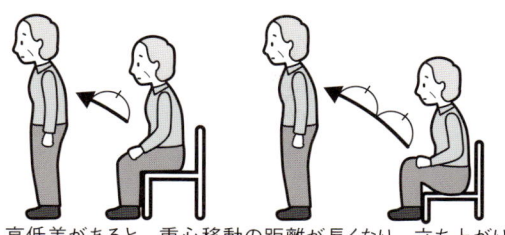

高低差があると、重心移動の距離が長くなり、立ち上がりしにくい

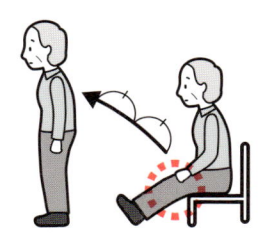

重心の移動距離が長くなることに加えて、下肢を前に投げ出していると両足部の支持基底面と上半身が遠くなり、体幹を前傾しても圧中心点が支持基底面内に入らず、更に立ち上がりが困難になる

●体格差がある
なぜ体格差があると介助しにくいの？

まず考えることは重心移動が適切に促せているかどうかです。そのうえで体格差がある場合には、介護者の重心位置と要介護者の重心位置が離れすぎていたり、適切な位置になりにくいことが挙げられます。介護者が要介護者に比べて大きい場合は離れすぎてしまうことが考えられますし、介護者が小柄な場合は要介護者と近すぎて、支えるところと要介護者と介護者の重心位置が適切でなくなることが原因で、双方に負荷がかかります。

また体格の大きい介護者が小柄な要介護者を介助する場合は、腰痛を発生することが多いです。それはお互いの重心位置の高さの違いから、介護者は腰痛の原因とされる腰椎の前屈角度20度以上で介助してしまいがちだからです。そこで介護者は腰を落として、自分の重心を下げる必要があります。逆に、小柄な介護者が体格の大きい要介護者を介助する場合は、安定させようして介護者が近づきすぎると、要介護者の体幹前傾などの重心移動を邪魔してしまいます。

重心移動に注意しながら要介護者との適切な距離を考えると、介助に様々な工夫が生まれたり、理解が深まるでしょう。

臀部と踵が離れた状態で両上肢を使って介助すると、腰椎とその周辺組織に負担がかかる

臀部をしっかりマットレスに下ろして介助すると、両上肢を使っても腰椎や周辺組織の負担が少ない

第1節 低位置から高所への移動・移乗

1 床からの立ち上がり（麻痺がない場合）

　立つことは、容易に全身運動ができることと、筋肉が身体を垂直に保つために緊張し、萎縮が起こりにくくなることにつながります。また、視界も座位よりは広がります。そのため、立位ができるうちは立つことを支援していきたいものですが、障害があると、転倒しやすく、床に転がったりしてしまいます。しかし床からベッドへ戻す、いすに座り直してもらう等は、高低差があるために介助を困難にします。ここでは、高低差のある場合の介助を解説します。

床から立ち上がる　介助方法

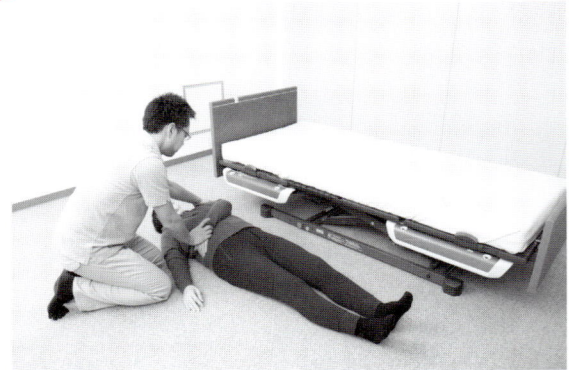

❶片方の手は胸の上におく。

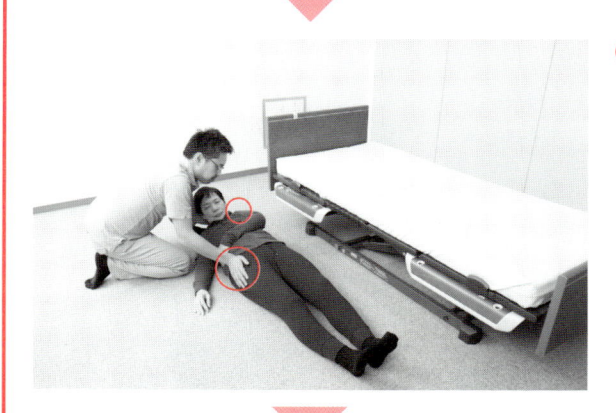

❷肩甲骨と骨盤を支える。

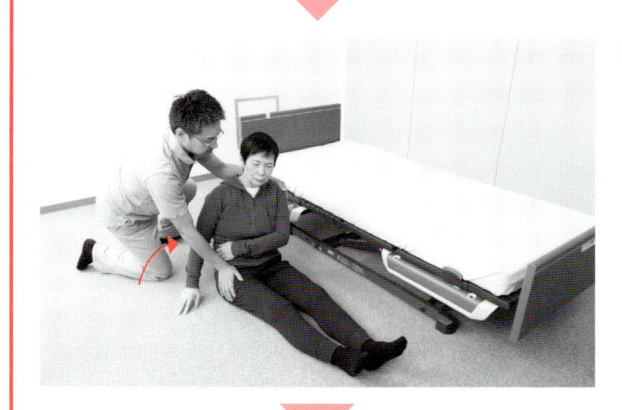

❸要介護者は肘を支えに起き上がり、長座位になる。

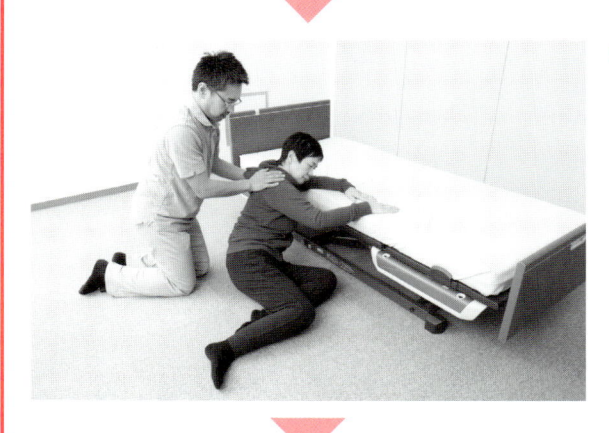

❹ベッドやいす、台等、つかまりやすいものにつかまってもらう。

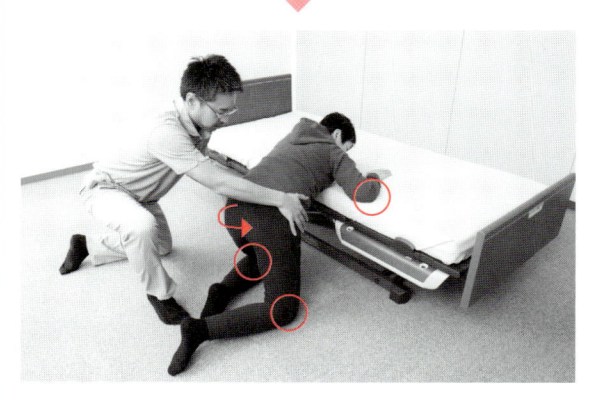

❺骨盤を支え、要介護者はベッドや台に肘をついて、骨盤を回転させるように介助し、膝立ちになる。

第2章 場面別アプローチ法　第1節 低位置から高所への移動・移乗

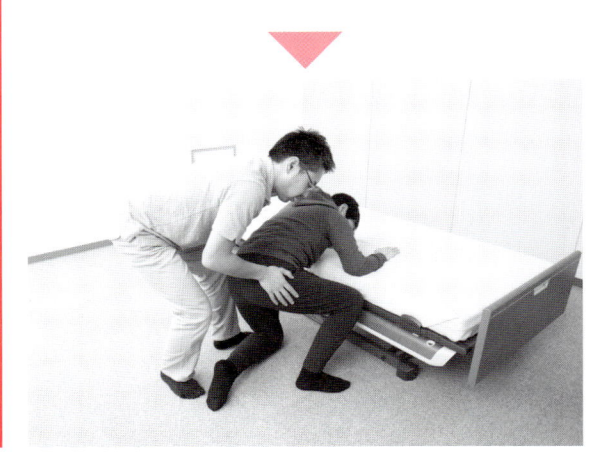

❻更に立ち上がるように支援する。

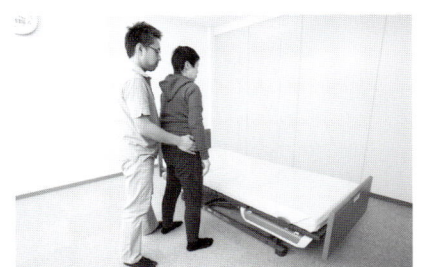

Point Advice 低位置から高所〈麻痺なし〉

❗ 長座位からの直接的な立ち上がり困難な場合は、ベッドや台を利用して立ち上がると負担が少ないです。長座位から身体を横に向け、這う姿勢になることでバランスをとります。

❗ 要介護者が最も難しいとされる動作は、横座位から膝立ちぐらいの姿勢になる、骨盤を起こす時です。まずしっかり横座位ができないと、骨盤を起こすことはできません。骨盤を起こす時は、少し回転をつけて介助すると、誘導しやすくなります。

2 床からの立ち上がり（麻痺がある場合）

麻痺のある人は転倒しやすいため、ベッド上から落ちたり、移動中に転んだりして、床に転がったりしてしまう時があります。

その姿勢を元の状態に戻す場合、要介護者に麻痺があると患側の力を使えないため、一層介助が困難になります。ここでは、高低差があり、かつ要介護者に麻痺がある場合の介助を解説します。

床から立ち上がり、ベッドまで戻る　介助方法　※左片麻痺の場合

❶ 健側の手でつかまれるようないすや台等、歩行に杖を使用している場合には杖も用意しておく。

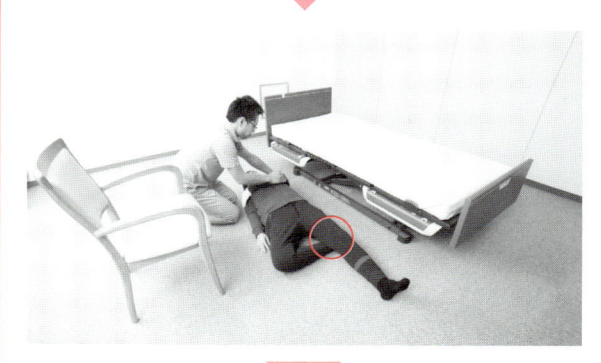

❷ 患側の手は胸の上におく。患側の足を伸ばし、健側の足は膝を曲げて、足先を患側の足の膝裏へ入れる。

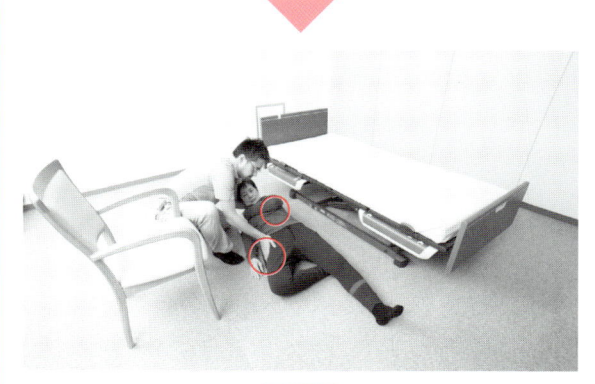

❸ 一方の手掌面は肩甲骨を、もう一方の手掌面は健側の骨盤を支える。

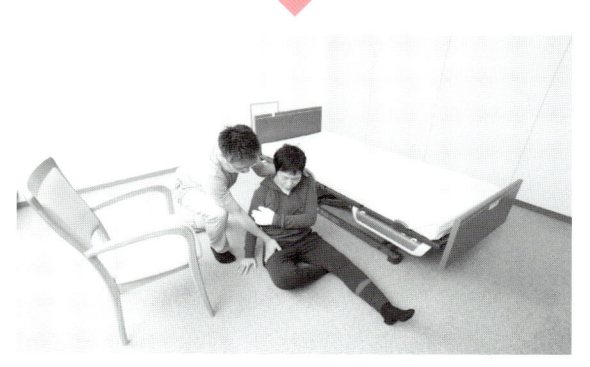

❹ 起こして、長座位にする。

❺要介護者がつかめる範囲にいすを持ってくる。

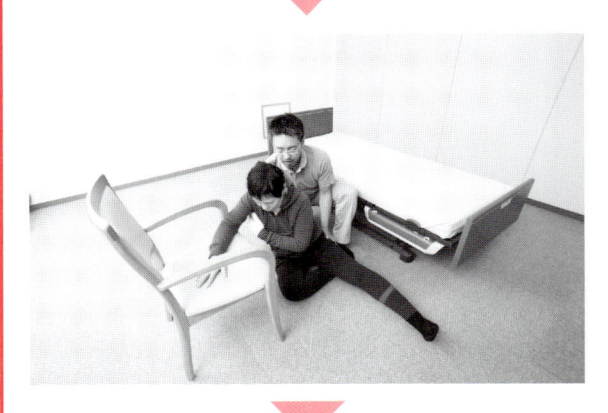

❻いすに手をついてもらう。

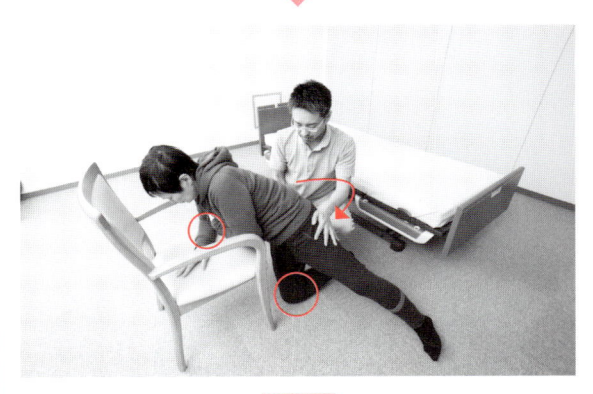

❼介護者は骨盤を回転させるように介助し、要介護者は健側の肘と膝を支えにして膝立ちになる。

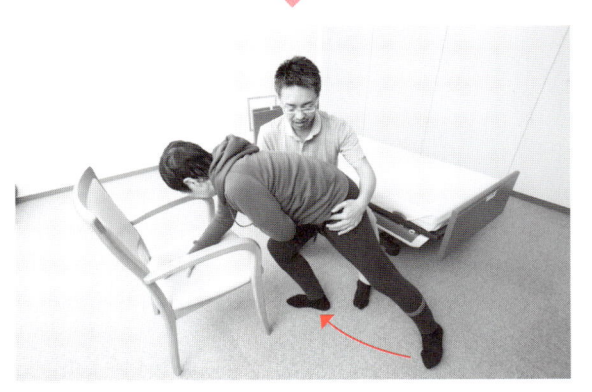

❽要介護者に健側の足へ体重移動してもらいながら、介護者は骨盤をしっかり支えて立たせる。

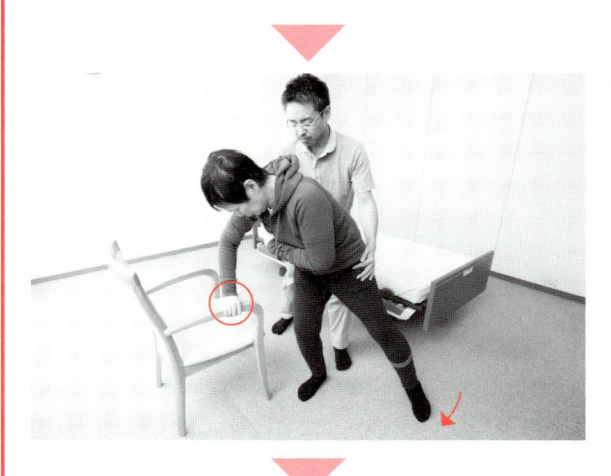

❾ 要介護者に肘かけをつかんでもらい、患側の足を振り出してもらう。更に立ち上がる。

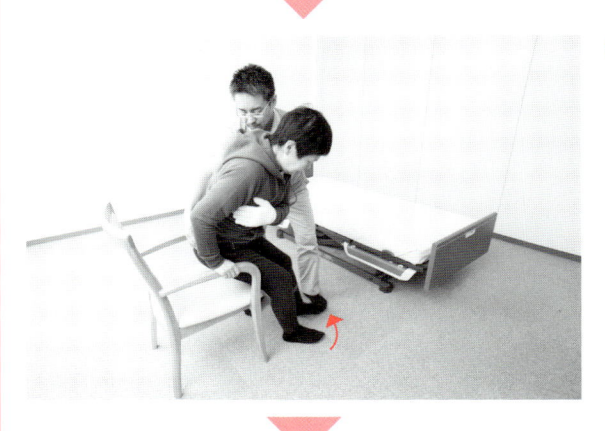

❿ 健側の足を軸に座るほうへ回転してもらう。腰部を支えながら要介護者とともにゆっくり腰を落とし、いすへの座位を介助する。

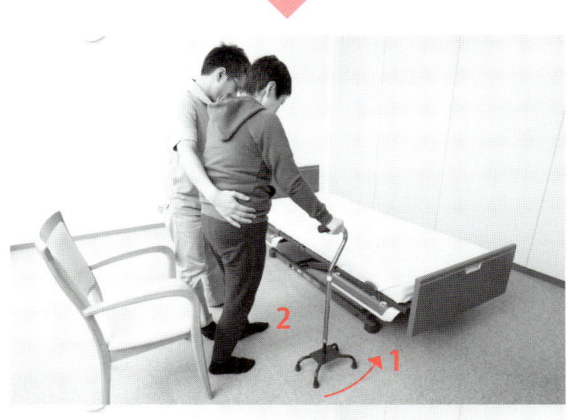

⓫ ベッドに戻る時は、いつも使用している杖を持ってもらい、立ち上がる。杖→患側の足→健側の足の順で歩行介助をしながら、ベッドまで進む。（142頁参照）。

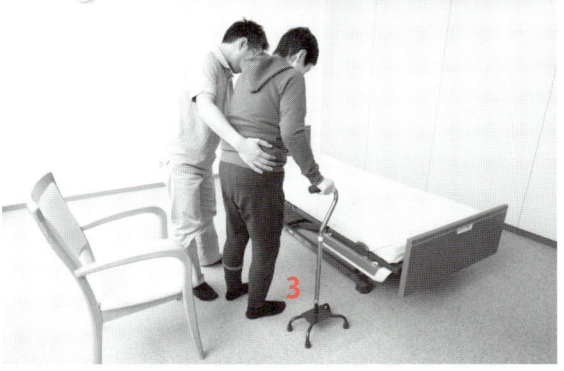

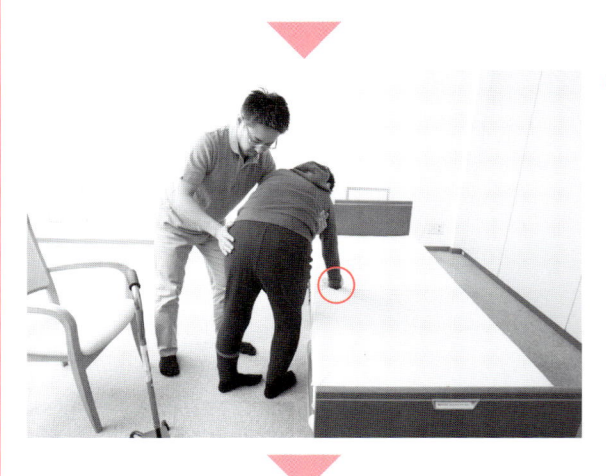

❶❷ベッドまで戻ったら、ベッドに手をついてもらう。

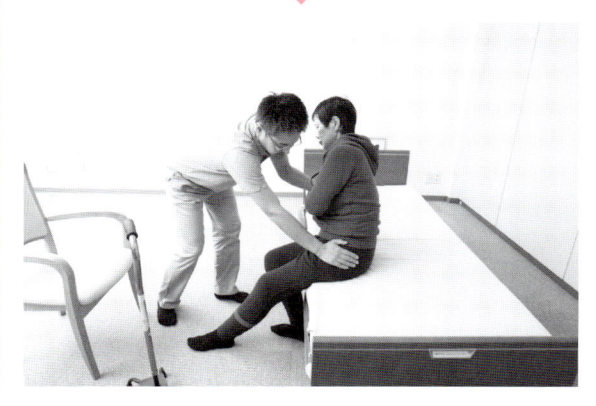

❸膝折れに注意しながら、ベッドに腰かけてもらう。

Point Advice 低位置から高所〈麻痺あり〉

> 低位置からの立ち上がりは、要介護者の上半身を前方に屈めて手に重心かけておき、介護者は要介護者の骨盤をまわすように持ち上げます。また立ち上がりしやすいように、膝立ちしたときのつま先（麻痺がある場合は健側の足のつま先）は立てることを忘れないようにします。

> 要介護者が転落してベッドの下にいる時は、まず骨折がないかどうかを確認してから介助します。看護師等が近くにいる場合は、確認をとることも大事です。特に麻痺がある場合は骨折していても感覚障害で痛みの訴えがほとんどない場合もありますので、注意が必要です。

column#8

玄関先での注意点

玄関で最も大変なのは「上がり框」の昇降です。特に立位もままならない状態にある要介護者の場合は、外出支援や通所サービスの利用でも問題になるところです。

無理なく在宅生活を過ごすためには、住宅改修によって昇降機やスロープの設置、上がり框をなくす等の対応が基本になると思います。どうしても改修の実施が難しい場合には、一人で介助するという無理はせずに、二人で介助することです。

(介助方法) ※階段を上がり框に見立てている

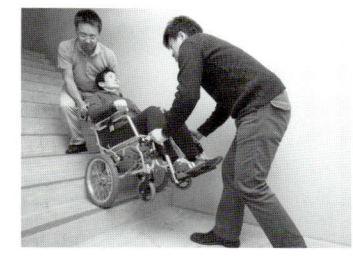

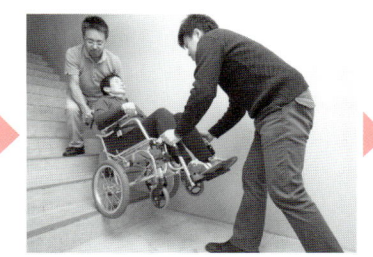

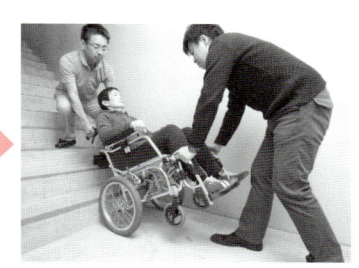

❶基本的に二人介助で行う。車いすの車輪は階段面と離れないように、へりに沿うように、昇り降りする。

❗ポイント

上がり框における車いす介助のポイントは、まず高さを解消することです。住宅改修が難しい場合には、一段設けて、要介護者をのせたまま二人介助で車いすを持ち上げるのが最も負担が少ないといえるでしょう。また段差の幅は、車いすの車輪の半径が収まるくらいにあることも大切です。

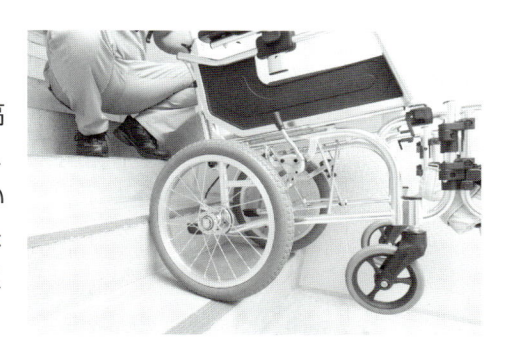

階段で車いす昇降介助をする時の注意点

階段で車いすの昇降介助を行う時は、①車輪と階段の面を離さないようにする、②車輪の半径が階段の踏み面に収まること等の注意点がある。

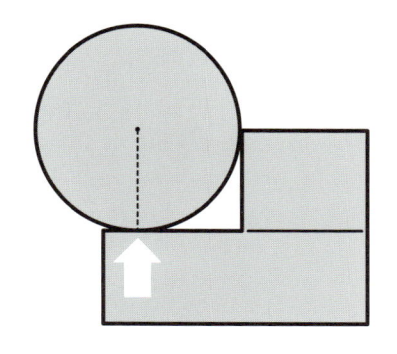

第2節 狭い空間での介助

1 トイレ内の移乗

　トイレ介助は移乗の際に、臀部を浮かせた状態を維持しながら、ズボンや下着等の更衣を行うことが重要です。しかしトイレという狭い空間内では、臀部を浮かせるための重要なポイントである「体幹を前傾にし、体幹の圧中心点を両足部で構成された支持基底面に入れる」ことが、壁に邪魔されて難しくなります（18頁参照）。

　多くの場合、できるだけ便座に近い状態で移乗介助を行うことが多いと思いますが、近づきすぎると、壁が障害となって、体幹を前方へ傾けにくくなります。

　ここでは、トイレ内での介助方法を解説します。臀部が浮かせやすくなるように、体幹がしっかり前傾できるように、そして壁との間隔や間に挟まる配置になる要介護者との距離も考えて、少し後方に下がった位置で動作介助を行う必要があります。

車いす⇔トイレ　介助方法　※左片麻痺の場合

❶介護者は要介護者の斜め前方に位置する。立位をとるのが難しい場合には、車いすのサイドガードが外せるタイプを使い、中腰でも方向転換できるようにする。

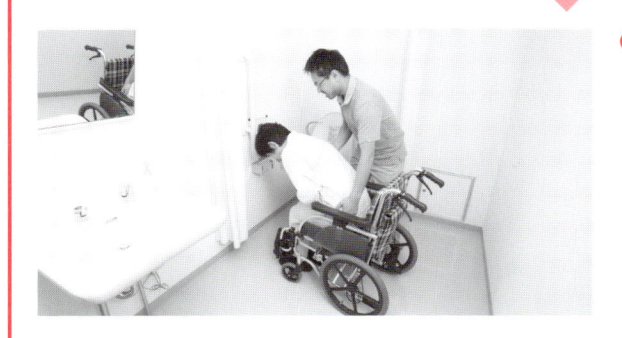

❷要介護者の体幹前傾がしっかり行える位置で、健側の下肢を少しうしろに引いて立ち上がる。

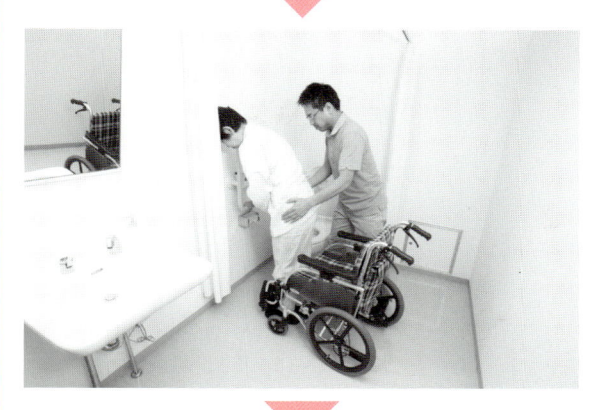

❸要介護者に手すりの一番低いところを握ってもらい、介護者は骨盤を支え、立ち上がらせる。

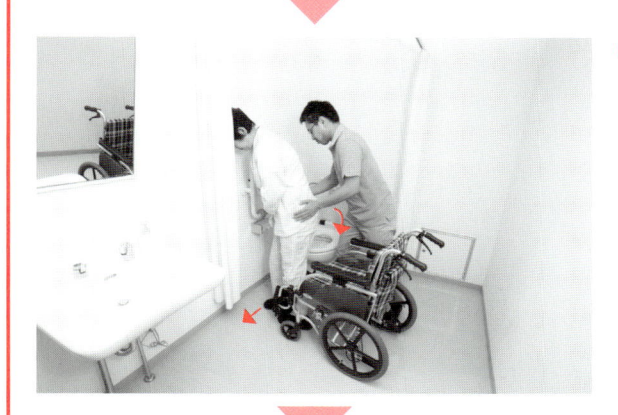

❹便座とは反対側の足に体重移動をし、逆の足を振り出す。

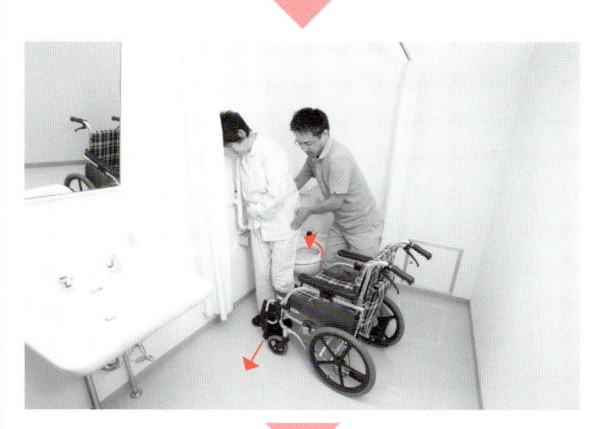

❺今度は便座に近い側の足に体重移動し、逆の足を振り出す。こうして方向転換しながら、便座のほうへ移動していく。

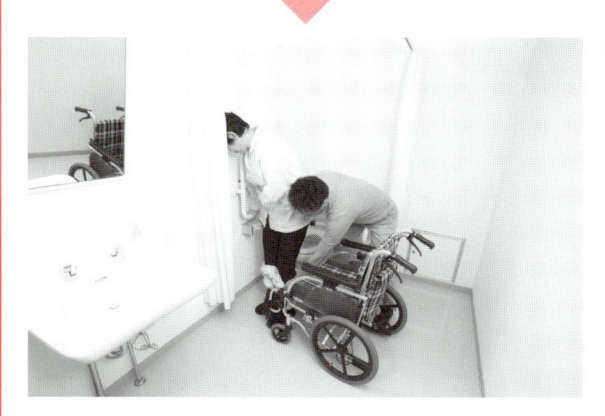

❻方向転換し終えたら、ズボンをできるだけ下げておく。

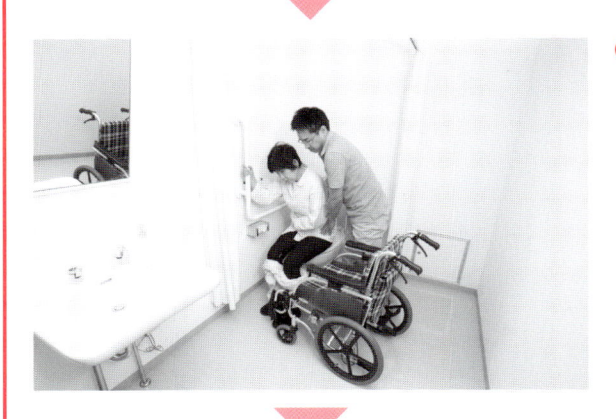

❼骨盤を支えながら、便座に腰を下ろしてもらう。

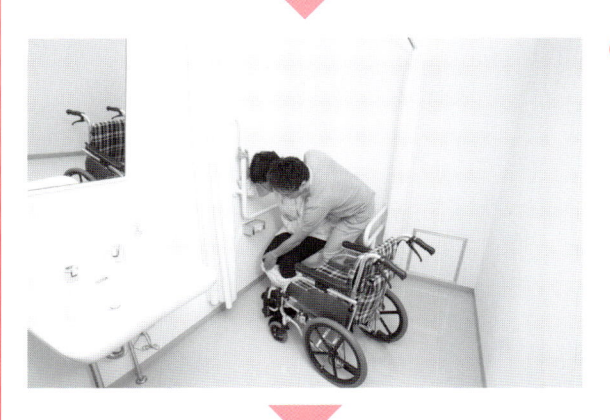

❽お尻が拭けなければ介助する（47頁参照）。戻る時は手すりをつかんでもらい、健側下肢をうしろに引いてもらって前傾姿勢にする。

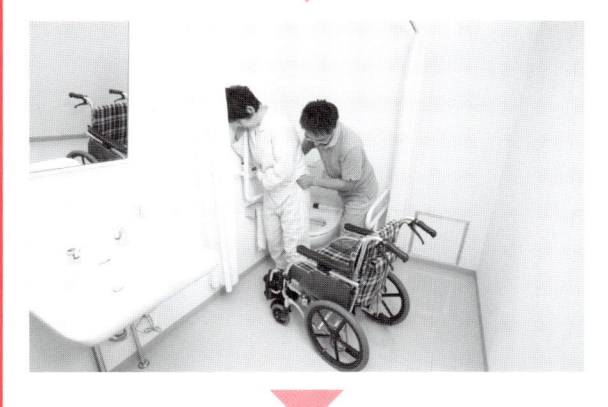

❾きちんと立ったら、ズボンを戻す。

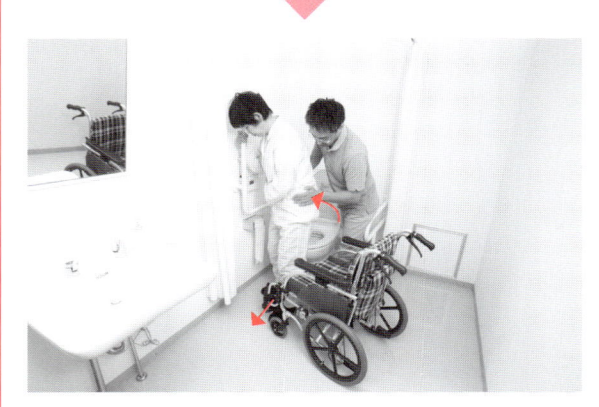

❿車いすとは反対側の足に体重移動をしてもらい、車いすに近い側の足を振り出す。次は反対側に体重移動し、体重をかけていないほうの足を振り出しながら、方向転換を促す。

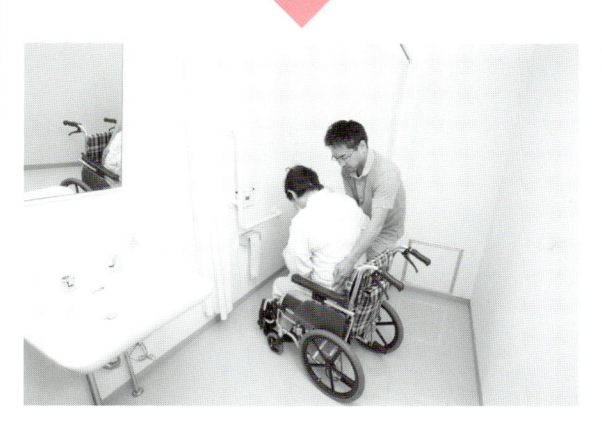

❶骨盤を支えながら、車いすに座ってもらう。

第2章 場面別アプローチ法　第2節 狭い空間での介助

Point Advice 狭い空間＜トイレ＞

> トイレの環境は排泄の自立、介助量に大きく影響します。特に高齢者施設ではトイレの数や位置も環境の要素になりますので配慮します。
>
> 要介護者の状態を判断し、トイレ環境とあわせて考えることが不可欠です。高齢者施設等のトイレは、壁側にL型手すり、反対側に可動式手すりが取りつけられている場合が多いです。L型手すりの縦の部分は、車いすや便器からの立ち上がりや、移乗時の方向転換を助ける役割があります。横手すりは立ち上がったあとの水平方向への移動、便座に座った時の体幹の安定を目的とします。手すりが適切な位置にあるかどうかで、立ちづらくなったり、座位が不安定になるので注意します。

> 手すりと車いすの距離が近すぎたり、縦手すりの上のほうをつかむと、要介護者は前傾姿勢をとれず、立位をとるのが困難になるので注意しましょう。

車いす→トイレ　　　　トイレ←車いす

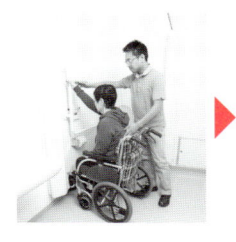

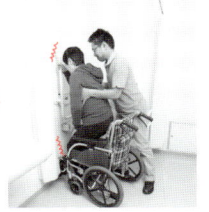

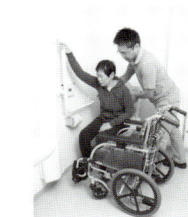

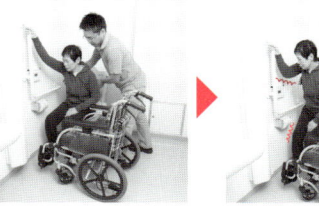

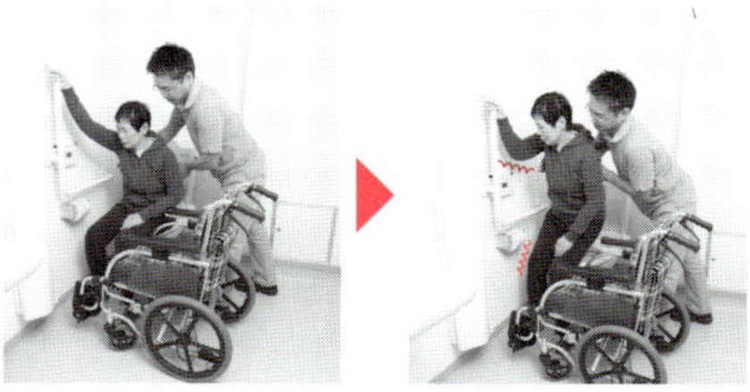

column#9

患側回りを身につけよう

　ベッド⇔車いす、ベッド⇔ポータブルトイレ、車いす⇔トイレ間等の移乗における基本は「健側回り」です。患側下肢を振り出さず軸心として使用し、比較的振り出しやすい健側下肢のみを振り出していけば、移乗時のリスクは軽減できるからです。しかし、一方の方向へは健側回りができたとしても、壁があったり、ベッドやトイレは固定なので、戻る時にはどうしても方向転換の距離は長くなり、「患側回り」が必要になります。

　「患側回り」が敬遠される理由は、患側である麻痺側の感覚が低下していることに加えて、健側のように前へ下肢を振り出すのが難しいことが挙げられます。そこで発想を転換しましょう。動かしやすい健側の下肢を前ではなく後方に引けば、自然と体は患側の方向へ回ることになります（患側回り）。忘れてはならないのは、歩行の時と同じで、振り出す下肢の反対側の下肢に重心（圧中心点）移動を行ってからでないと、健側下肢でも前後への振り出しは難しいということです。介助の基本はやはり重心（圧中心点）移動です。それはトイレの介助場面でも触れていますので、参照してください。

　「患側回りはやってはいけない」と思い込んでいる介護者も多いのですが、絶対にやってはいけないというものではありません。実践するためにはどういう条件が必要なのか、そこを押さえていれば介助の実践の幅を広げる手助けになります。重心（圧中心点）移動と健側下肢の後方への振り出し、そして可能な範囲でまっすぐ立位が保持できるかを確認してください。

　一方で、ベッドの場合は介助バーの選択で、トイレなら左右の空間の確保ができれば、健側回りを徹底することも可能です。要介護者の身体状況によっては無理に患側回りを行わないほうがリスク管理の観点からはよい場合もありますので、環境面の検討も忘れず行ってください。

　患側回りが可能になると、移動や移乗の介助が楽にでき、施設や在宅での日常生活の支援も広がりをみせるでしょう。

健側回り（左片麻痺の場合）　　　　　**患側回り**（左片麻痺の場合）

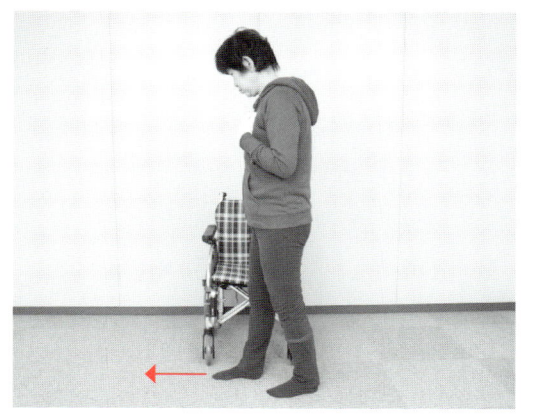

健側の下肢を前に振り出す　　　　　　　健側の下肢をうしろに引く

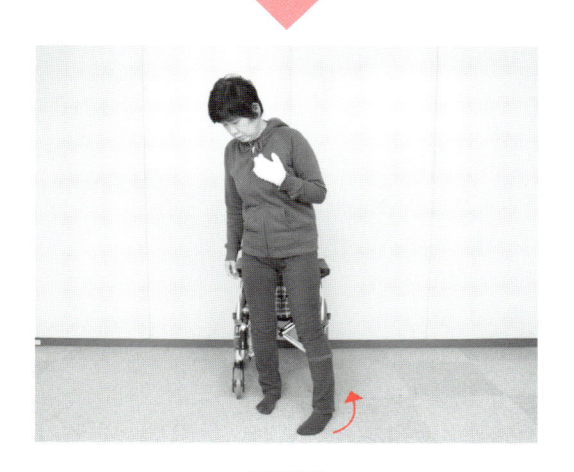

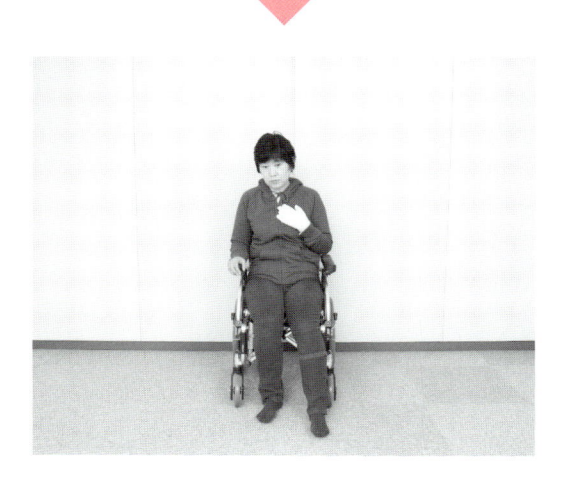

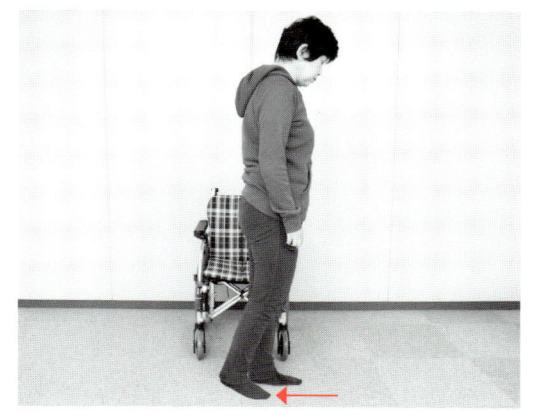

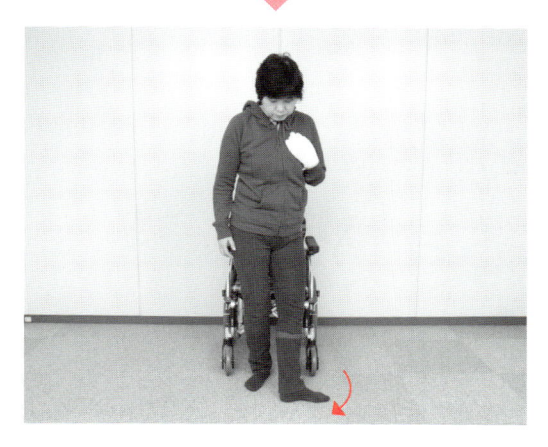

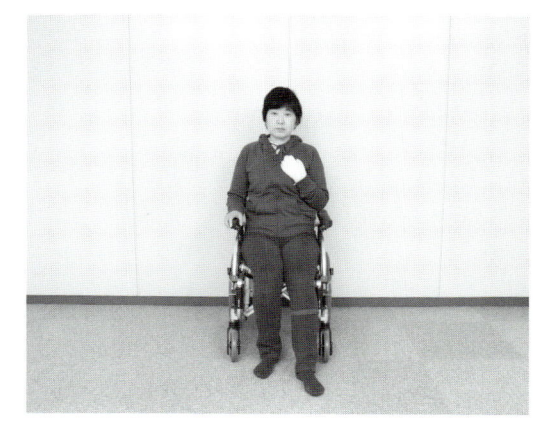

2 浴室内の移動

浴室内での移動・移乗で注意すべき点は、要介護者が衣服を着ていない裸の状態であるということと、靴や杖・装具の使用ができないということです。また浴室内は滑りやすく、浴槽に移るときも、浴槽を跨ぐために通常以上に足を上げる必要があります。

歩行介助で移動する場合の介助として、通常は杖を持ち反対側から介助しますが、浴室内では杖をつけないことがほとんどなので、杖のかわりに介護者が通常杖をつく側での介助をする必要があります。また、装具等を装着できない場合は、足部が床に引っかかる可能性が高いので、下肢振り出し時に重心を反対側へ誘導する時には通常よりも大きく重心移動するようにします。

浴槽へは、縁に腰を下ろしてから片足ずつ出入りをしますが、股関節屈曲（前に曲げる）と膝関節伸展（前に伸ばす）の関節可動域が少ないと、浴槽の高さを越えることができません。どうしても難しい場合は、要介護者の体幹を後方に倒すように介助し、足を上げやすくします。

関節可動域

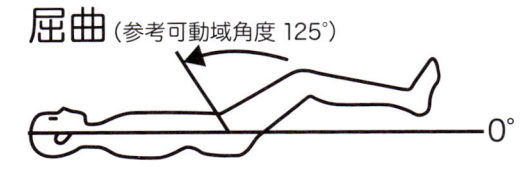

屈曲（参考可動域角度 125°）

伸展（参考可動域角度 15°）

伸展（参考可動域角度 0°）

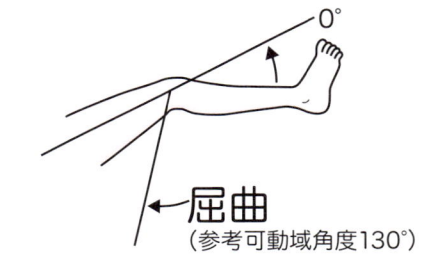

屈曲（参考可動域角度 130°）

これらの可動域が狭いと、高さのある障害物をまたぐ動作が難しくなる

浴槽へ入る時　介助方法

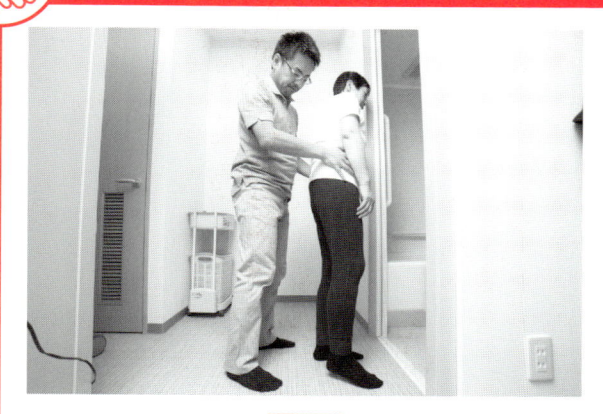

❶ 歩行介助で浴室内を移動する場合は、杖や装具が使用できずに下肢の振り出しがしにくいため、介護者は左右への重心移動を通常の歩行介助時よりも大きめに誘導する。

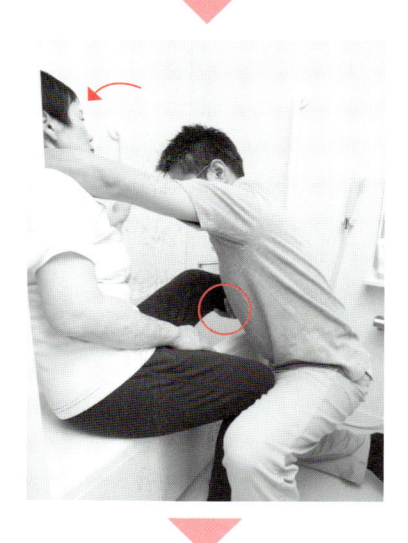

❷ 介護者はしっかり腰を落とし、要介護者の体幹を支える。要介護者は衣服を着ていないので、滑らないように注意する。関節可動域の制限により足が浴槽をまたげない場合は、要介護者の体幹を後方に傾け、ふくらはぎを前腕全体で抱えるように支え、またぐための介助を行う。

❸ 腰部を支えながら、要介護者の身体をゆっくり下ろしていく。

浴槽から出る時　介助方法

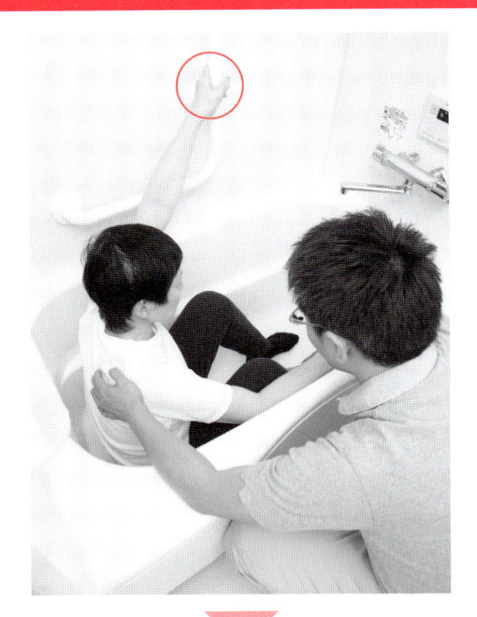

❶手すりをつかんでもらう。

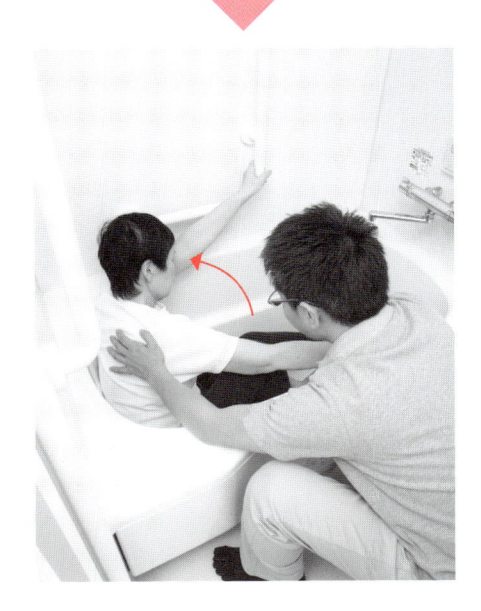

❷浴槽から臀部を上げる時に、出る側とは反対側へ重心移動を促す。

❸臀部が浮いてきたところで腰部を支え、浮力を利用しながら臀部を上げていく。要介護者の右下肢（手前側の足）をなるべく屈曲して浴槽から出る時の支えにする。

❹浴槽の縁に腰かけてもらう。

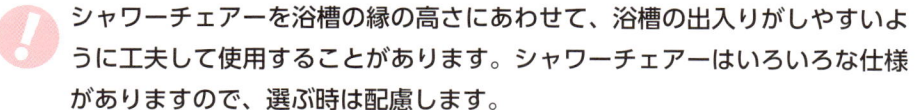

> **Point / Advice 狭い空間〈浴室〉**
>
> ❗ シャワーチェアーを浴槽の縁の高さにあわせて、浴槽の出入りがしやすいように工夫して使用することがあります。シャワーチェアーはいろいろな仕様がありますので、選ぶ時は配慮します。
>
> ❗ 浴槽内で立ち上がる時は手すりをつかみ、奥の片足を伸ばし浴槽の壁につけて、その足を支えにしながら体幹を前傾させて立ち上がります。

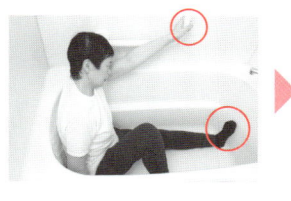

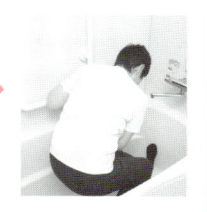

第2章 場面別アプローチ法　第2節 狭い空間での介助

3 車内の席移動

デイサービスの送迎バス等、車内での席移動は天井が低いために立位がとりにくく、側方に下肢を振り出して重心を動かすことが難しくなります。介護者は要介護者の体幹前傾を促し、両足部の支持基底面内に体幹の圧中心点を移動させ、要介護者の臀部が浮いたところを介護者の腰で要介護者の腰を側方から押すことで、少しずつ側方に移動していきます。

もし要介護者の上肢が使えるようなら、前方の席や手すりを持って自ら体幹の前傾を促してもらい、介護者は重心の移動を促します。下肢を移動する時は、体幹の圧中心点が要介護者の両足部の支持基底面内から臀部の支持基底面内に戻った時点で、側方への移動を促すようにします。

乗り降り 介助方法 ※右片麻痺の場合

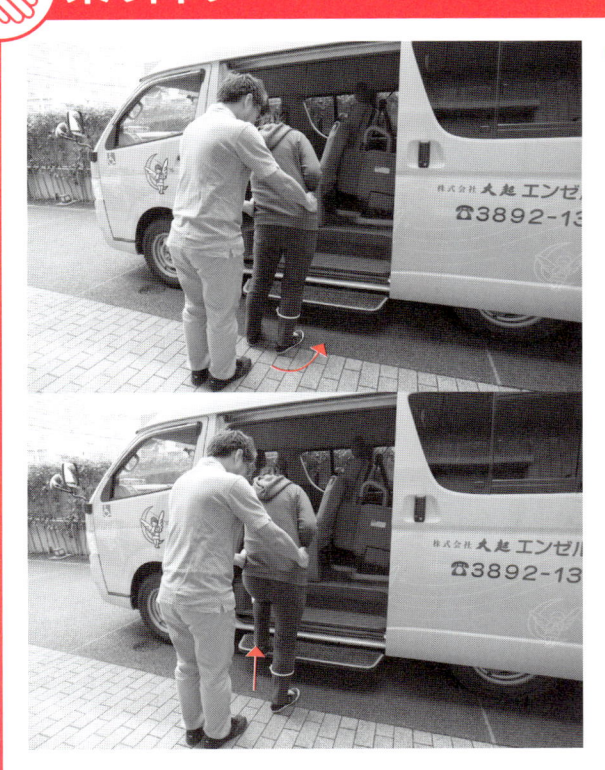

❶のる時は階段の介助と同様に、健側の手で手すりをつかんでもらう。患側に体重を寄せて健側の足を振り出し、上がってもらう。

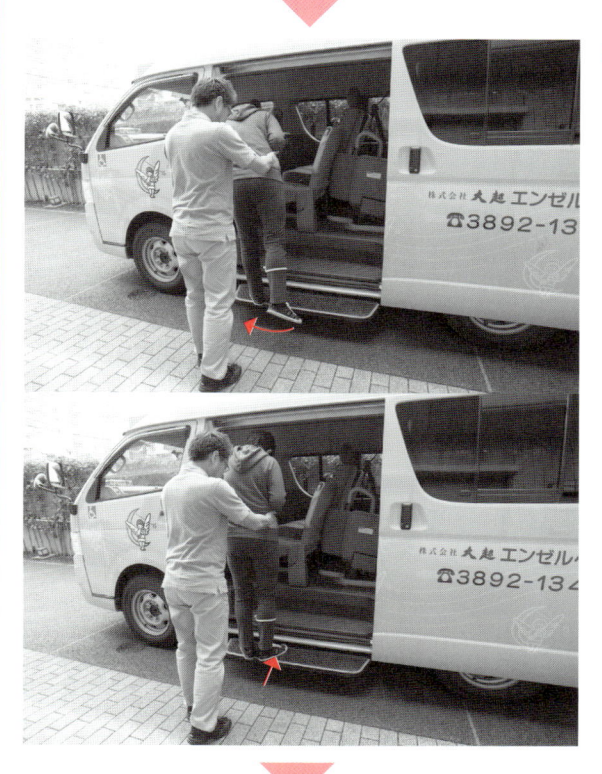

❷次に健側の足に体重を寄せて、患側の足を振り出して、上がる。下肢をそろえる。

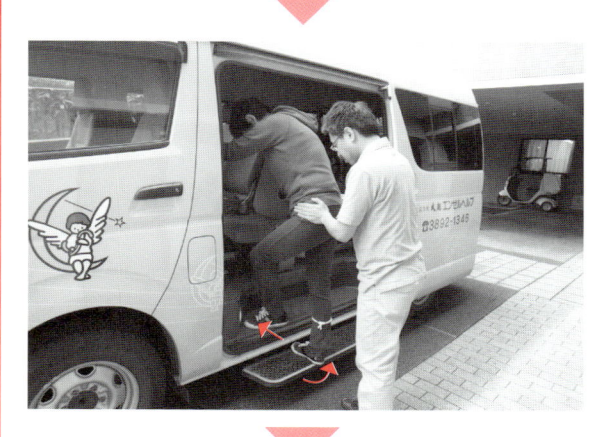

❸健側の手で車内の手すりにつかまってもらい、患側に体重を寄せて健側の足を振り出して上がる。

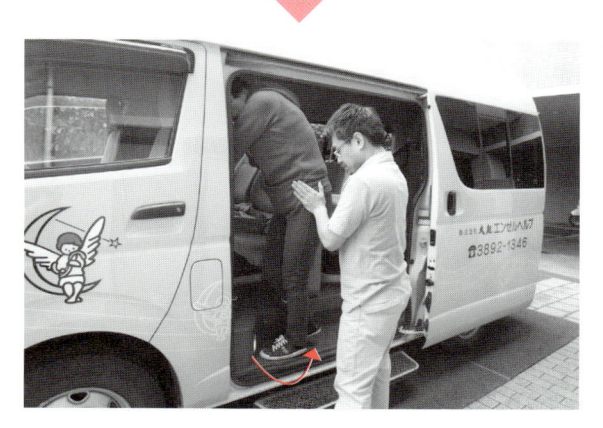

❹❷と同様にして患側の足が上がったら、健側の足を軸にして時計と反対周りに身体を回転させる。

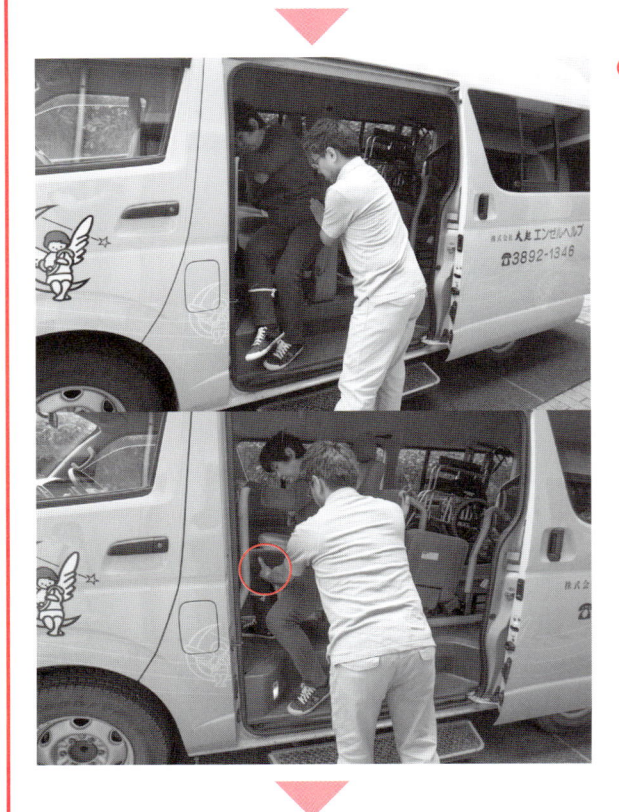

❺座席に座ってもらったら、患側の足は介護者が支えて奥に送り込む。

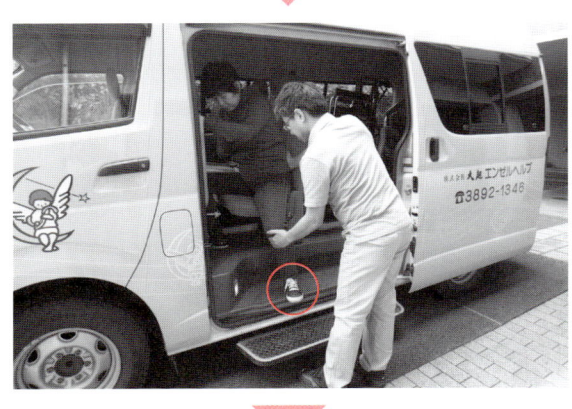

❻降りる時は、健側の足を出入り口のほうへ大きく出してもらう。

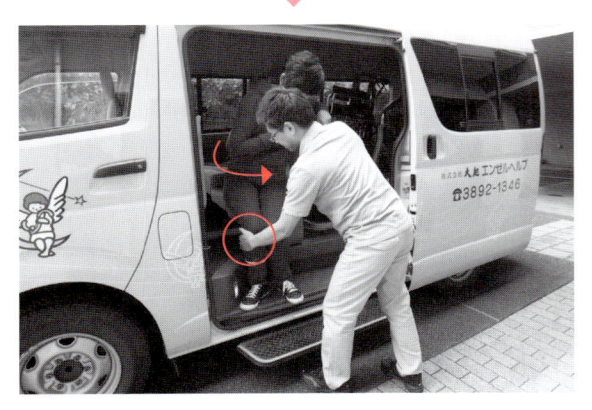

❼身体を出入り口のほうへ向けてもらう。患側の足は介護者が支援する。

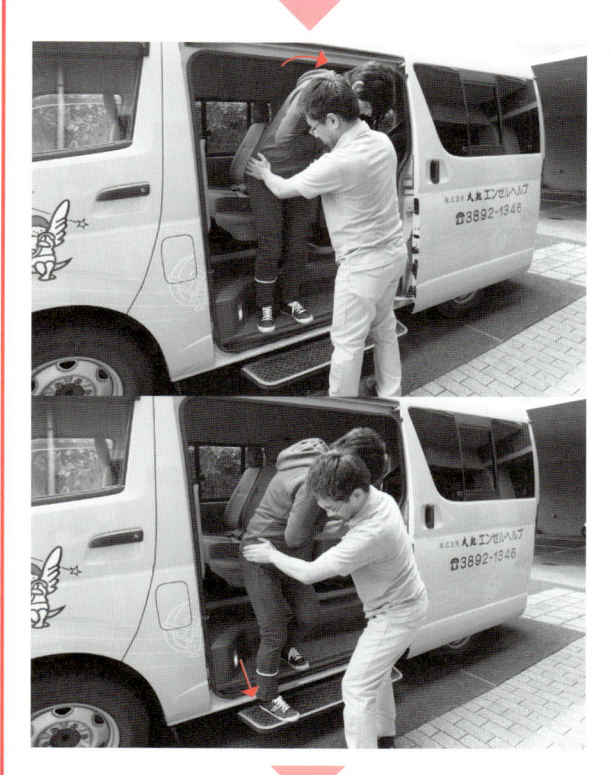

❽立位をとってもらい、健側へ体重を寄せて、患側の足を振り出して下ろす。

❾次に患側へ体重を寄せて、健側の足を下ろし、そろえる。❽❾を繰り返しながら、車から降りる。

座席の移動　介助方法

❶介護者は要介護者の側方に位置し、お互いの体幹の側方をしっかりとつけて、要介護者側の手は骨盤を支える。

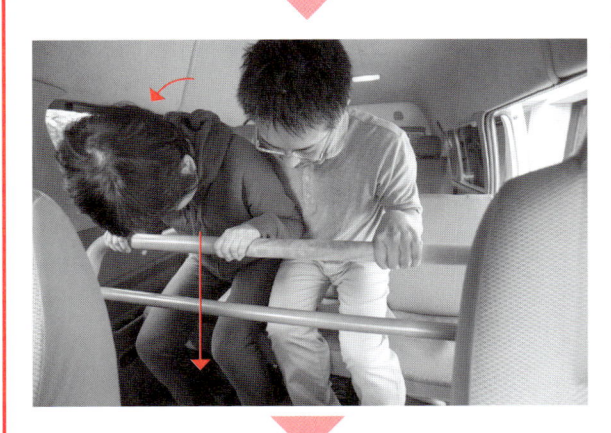

❷介護者は自ら体幹を前傾させ、要介護者の体幹前傾を促し、体幹の圧中心点が両足部の支持基底面内に移動するようにする。

❸圧中心点が足部の支持基底面内へ移動して要介護者の臀部の圧がなくなったら、介護者の腰で要介護者の骨盤横を押して、側方への移動を促す。

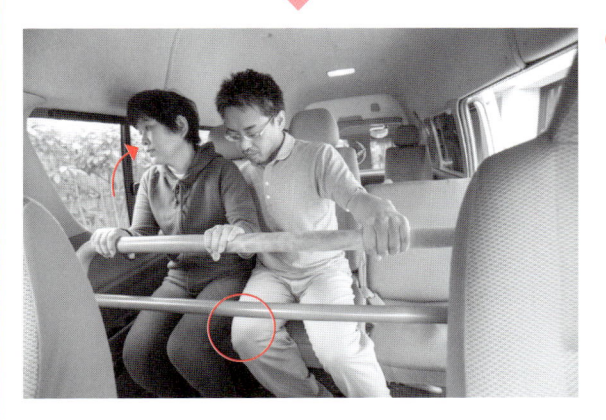

❹要介護者の体幹を起こし、圧中心点が両足部から臀部に移ったら、介護者は自分の下肢で要介護者の下肢を側方へ移動させる。要介護者を座らせたいところに位置させるまで、❷❸❹を繰り返す。

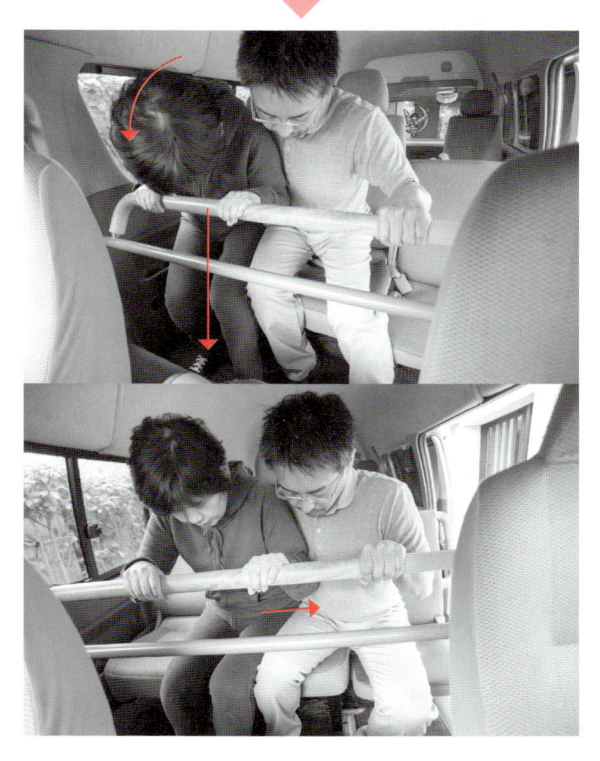

❺出る時も同様に、要介護者の体幹を前傾させて体幹の圧中心点が両足部の支持基底面内に移動したら、支えている骨盤の手掌面で、要介護者の身体を引き寄せる。下肢が残る場合は、要介護者の体幹をまっすぐに戻してから、手掌面で下肢を引き寄せる。

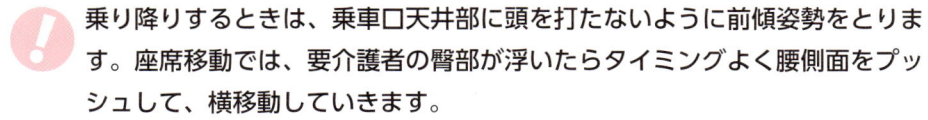

第2章 場面別アプローチ法　第2節 狭い空間での介助

Point 狭い空間＜車内＞ Advice

!　乗り降りするときは、乗車口天井部に頭を打たないように前傾姿勢をとります。座席移動では、要介護者の臀部が浮いたらタイミングよく腰側面をプッシュして、横移動していきます。

!　特に狭い車内では、体幹前傾が行いにくく臀部が浮かせづらい場合があります。要介護者の片足だけでもいつもより少し深めにうしろへ引くように介助すると、体幹前傾が少なくても圧中心点の支持基底面内への移動が可能になり、臀部を浮かせやすくなります。要介護者の臀部を少し浮かせるだけで、横移動させることは可能になります。

column#10

階段での注意点

　階段昇降では、力の入りやすい下肢（健側）を基本に、昇る時は健側下肢を先に振り出し、患側下肢をそろえるようにします。降りる時は患側下肢から振り出し、健側下肢をゆっくり屈曲させることで患側下肢を下ろし、下肢をそろえます。この動きはどの障害でもたいてい同じ方法を用います。健側下肢が身体の昇降を行う基本になるからです。

　障害が重度の要介護者の場合に一番危険であり、起こり得る可能性の高いものが、階段昇降中の膝折れです。そのため、介護者は膝折れが起きた場合を常時想定し、要介護者を後方から介助します。

　降りる時は、要介護者の状態によって前後どちらからでも介助することがあります。膝折れの可能性が高い場合は後方から介助しますし、膝折れではなく前方への転倒の可能性が高い場合は前方から介助することも考えられます。特に重度の要介護者はうしろ向きになってもらい、後ろ歩きの状態で降りてもらう方法もあります。急な膝折れにも対応できますし、前向きで降りる時は階段の手すりが最後の辺りで前方にない状況になる場合がありますが、うしろ向きであればつかまるところが最後まで確保できて、安定します。

（介助方法）　うしろ向きでの降り方　　※右片麻痺の場合

❶階段に対してうしろ向きになる。手すりにつかまってもらい、介護者は要介護者の後方で骨盤を介助する。

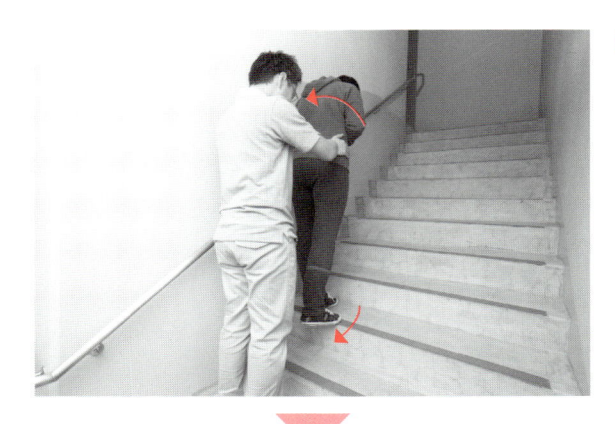

❷患側下肢を一段下ろす。介護者は健側のほうへ重心移動を促すと、要介護者は患側下肢を下ろしやすくなる。

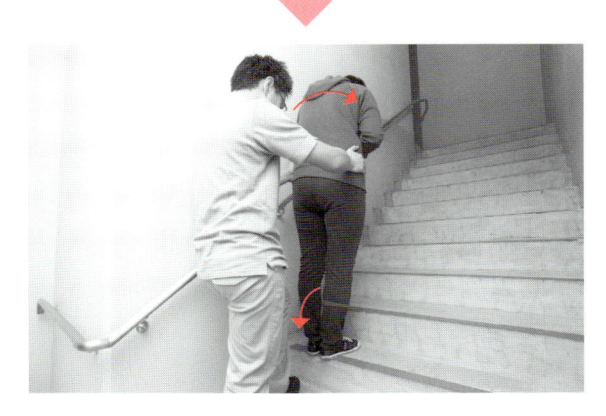

❸健側下肢をゆっくり一段下ろし、下肢をそろえる。介護者は患側のほうへ重心移動を促すと、要介護者は健側下肢を下ろしやすくなる。

⚠ ポイント

　後方で介助する場合、もし要介護者が膝折れをしても介護者が膝を曲げれば、要介護者に膝の上で腰を下ろしてもらえます。その間に体勢を立て直してもらい、改めてしっかり立位をとっていただくことができます。

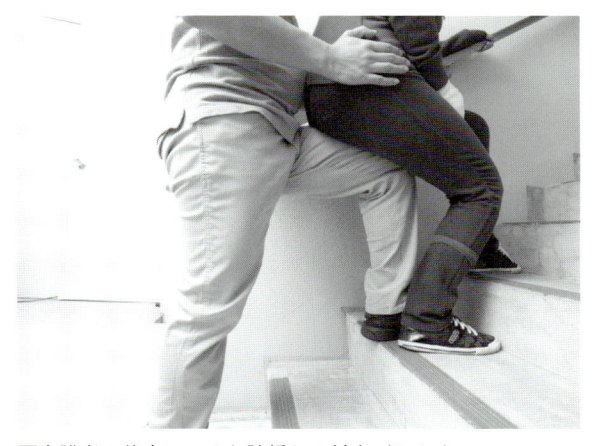

要介護者の後方にいると膝折れの対応がしやすい

第3節 体格差がある場合の介助

1 起き上がり

　起き上がりの時には、通常一方の手で要介護者の肩甲骨を支え、もう一方の手でベッド端に下肢を下ろそうとしますが、要介護者が大柄な場合は、下肢を下ろすほうの手が届かないといった声を聞きます。その時は、少し手順を変えれば解決します。

要介護者が大柄な体型の場合　介助方法

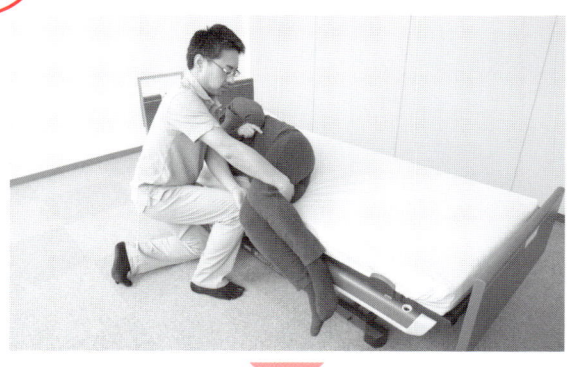

❶要介護者を側臥位にして（28頁参照）、下肢を下ろす。

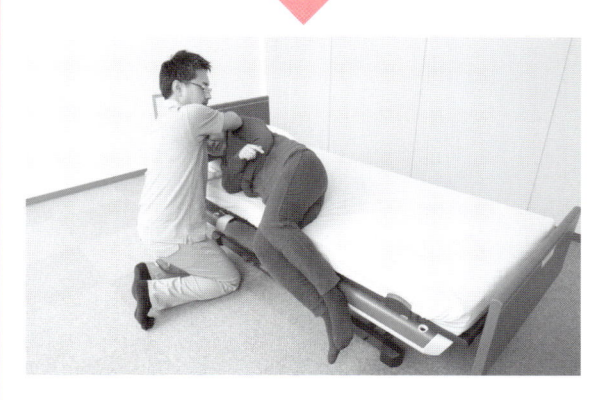

❷手掌面で肩甲骨を支える。

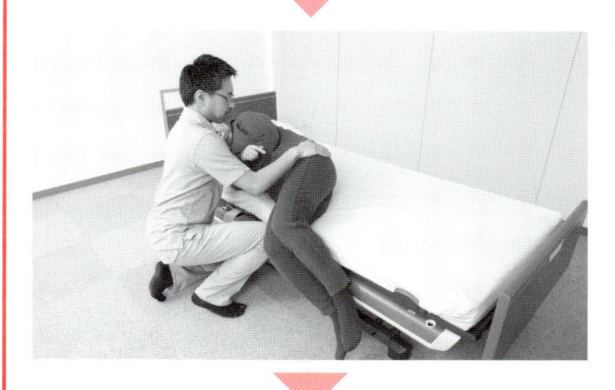

❸もう一方の手掌面は骨盤を支える。

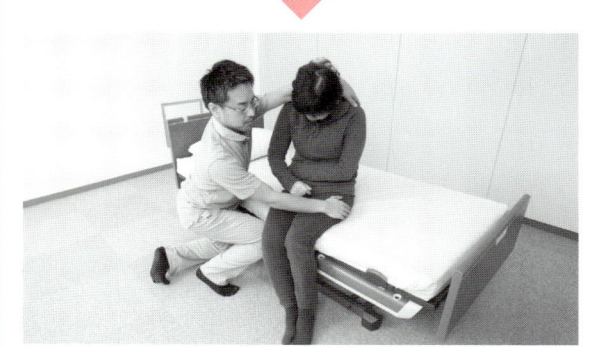

❹ゆっくり起こす。

Point Advice 体格差＜起き上がり＞

!　特に要介護者の身体が大きく、介護者の身体が小さい場合の起き上がり介助は、まず要介護者の膝を曲げて身体の面積を小さくしてから側臥位にします。下肢は浅めに下ろしておくと、起き上がった時に深く座ることができるので、勢いよく起こしてしまいベッドの端からずり落ちるような危険性は少なくなります。ベッド上での端座位は、膝窩がベッド端に触れるように座ると安定します。

!　介護する時の位置に気をつけます。要介護者を起こす時にあまり頭側に位置しすぎると、要介護者を起こした時に離れすぎてしまい、最後まで起こせなくなってしまいます。要介護者の上半身の重心はみぞおちのところになりますので、介護者は肩甲骨を支えたら、みぞおちの位置まで近づくようにします。

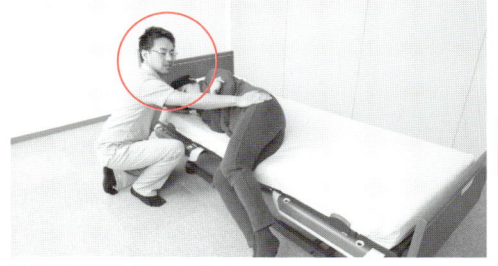

要介護者の頭側に位置しすぎると…

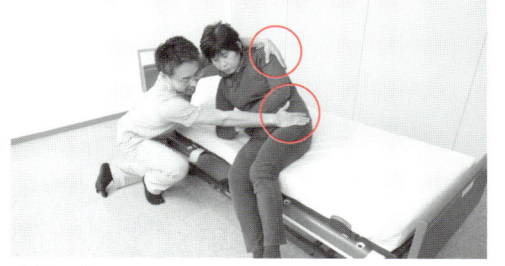

手が届かず起こしにくい

第2章 場面別アプローチ法　第3節 体格差がある場合の介助

2 立ち上がり

　立ち上がり動作とは、一般的に身体を上に持ち上げる動作と考えられがちです。しかし、立ち上がり動作は要介護者の体幹を前傾にし、後方にある重心を両足部の支持基底面内に移すことで臀部を浮かし、立ってもらう介助となります。

　体格の大きな介護者が小さな要介護者を介助するときは、介護者の腰の位置を低くし、腰椎の前屈角度がなるべく生じないように注意することが大切です。その逆の場合は、しっかり支えようとするあまり、要介護者に近づきすぎて体幹前傾を邪魔してしまうことが多くみられます。双方が無理のない位置取りをすることが大切です。

要介護者が大柄な体型の場合　介助方法

❶要介護者に、ベッドに浅く座ってもらう(32頁参照)。

❷要介護者は足をうしろに引く(片足だけでもよい)。

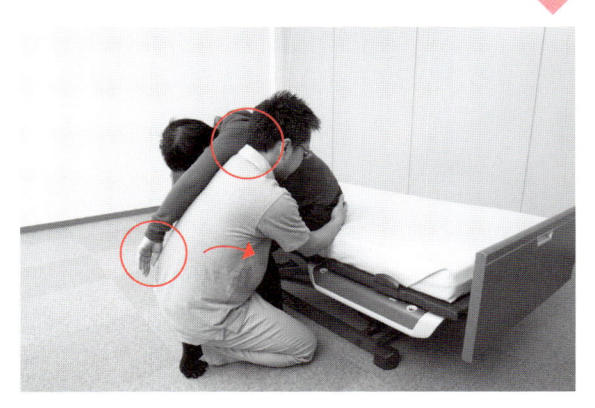

❸介護者は少し前傾になり、要介護者の脇の下に頭を差し入れる。両腕は介護者の背中におく。

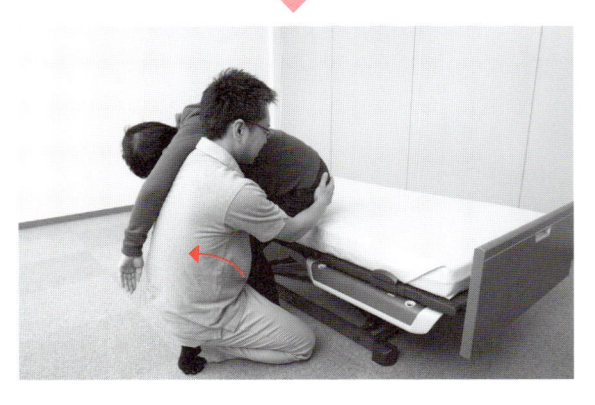

❹介護者は要介護者の背部と骨盤を支え、自らの体幹を起こすことで要介護者に前屈になってもらう。

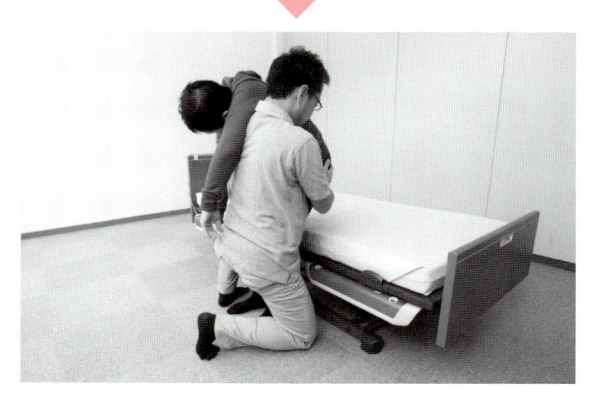

❺ゆっくりと立ち上がる。

第2章 場面別アプローチ法　第3節 体格差がある場合の介助

Point 体格差＜立ち上がり＞ Advice

! 介護者が重心を下げずに高い腰の位置で介助すると、20度くらいの前屈位になりやすく、腰痛の原因になります。

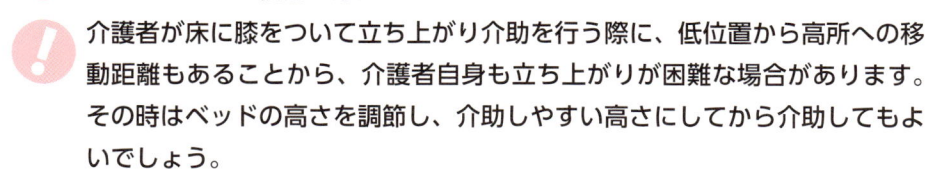

! 介護者が床に膝をついて立ち上がり介助を行う際に、低位置から高所への移動距離もあることから、介護者自身も立ち上がりが困難な場合があります。その時はベッドの高さを調節し、介助しやすい高さにしてから介助してもよいでしょう。

! 介護者は身体を起こしたままで要介護者を肩にのせると、立ち上がりが困難になります。

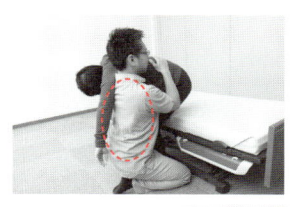

! 要介護者が小柄な体型の場合、介護者が要介護者の肩に入り込んで近づきすぎると、要介護者の体幹前傾が行いにくくなるため、立ち上がりが困難になります。自ら腰を落として、距離をとりながら介助する必要があります。

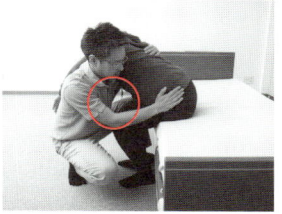

141

第4節 多点杖・歩行器を使って

1 多点杖を使った歩行

　杖の使用における基本は、①障害のない側の上肢で杖を持つこと、②肘関節の屈曲は約30度にすることの二つです。これらの理由は、障害のない側で杖を使用すると重心が杖側に寄り、障害側にかかる負荷が軽減されることと、肘関節屈曲30度くらいで杖を突くことにより、上肢の支える力が発揮しやすくなることです。

　使い方は、T字杖と基本的には同じです。歩行時には杖→患側下肢→健側下肢という順番で歩きます。多点杖の特徴は、支持基底面が広いために、杖をついた時にふらつきは減り安定性が高くなる一方で、床に対して垂直にしかつくことができないために、少しでも傾いた状態でつくと、かえってT字杖よりもバランスを崩してしまう点です。また、垂直にしかつけないためにT字杖のように杖を長く振り出すことができないので、歩行時の歩幅を少し短めに介助すると、要介護者は歩行しやすいです。

四点杖の使い方　介助方法　※左片麻痺の場合

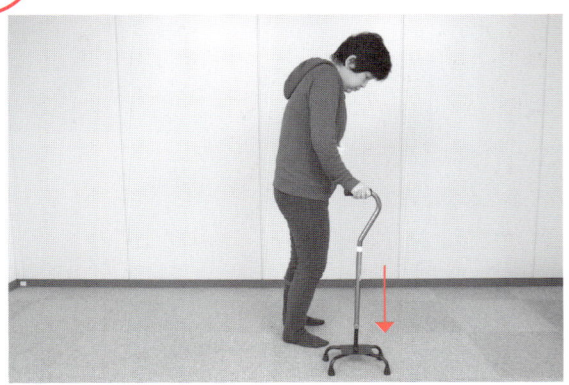

❶介護者が介助につく場合は、杖を持つほうとは反対側の横につく。まず杖を前方に出してもらう。この時、多点杖の特徴から決して斜めに突くようなことはせず、床に対して垂直に突くようにする。

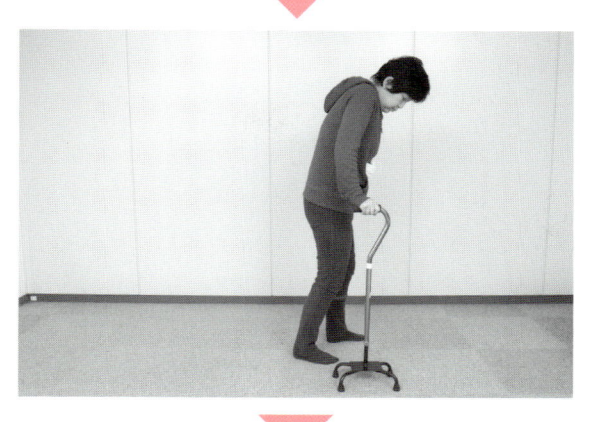

❷介護者が介助につく場合は、振り出す足とは反対側へ重心移動を促す。杖の次に、患側下肢を振り出してもらう。

❸健側下肢を振り出してもらう。多点杖を使用する要介護者の多くはバランス能力が低いので、健側の振り出しは患側にそろえるか、少し後方くらいにすると、歩幅が短くても安定感が増す。

第2章 場面別アプローチ法　第4節 多点杖・歩行器を使って

Point / Advice 多点杖・歩行器

> 多点杖（四点杖）は、一本杖より支持面積が広いので、バランスの悪い人に向いています。体重をかけても倒れにくいとされていますが、平坦な場所でないと接地が均等にならず不安定になることもあり、かえってバランスを崩しやすくなります。要介護者の状態はもちろん、使う場所等も考慮します。

> 多点杖は遠くへついたり、斜めについたりすると不安定になるので注意します。

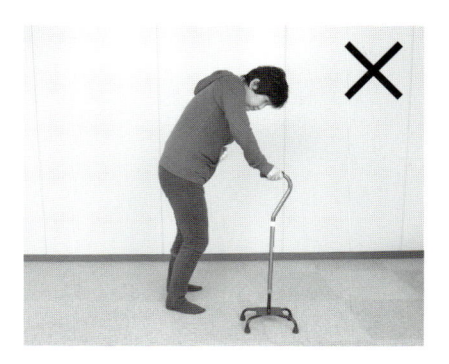

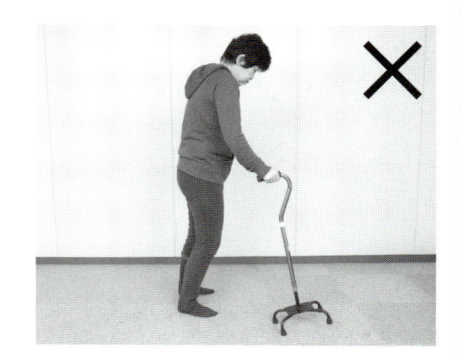

2 歩行器を使った歩行

　歩行が不安定な場合には、キャスターつき歩行器等の利用が想定されますが、介助量の多い要介護者に最も適しているのは、肘かけのあるキャスターつき歩行器です。肘かけタイプを使用することで、両下肢にかかる体重を肘のほうへ分散することができ、膝や股関節にかかる負担を軽減させることができます。ほかにも、心不全など循環器疾患のある要介護者は、痛みが血圧上昇など循環器にも負荷をかける原因になるため、痛みを抑えることにつながる肘かけタイプの歩行器は、循環器への負担軽減にもつながります。

　固定式歩行器は、歩行器自体を「持ち上げて前方に出す」という動作が必要になります。よって歩行器を握って持ち上げることが難しい場合は適応になりません（片麻痺で片方の腕が使いにくい場合や、関節リウマチで手指の変形が強くつかむ動作が難しい場合等）。しかし杖歩行より安定性は高まりますので、側方へのふらつきが強くみられる場合は、両上肢の機能に問題がなければ転倒のリスクは大きく軽減できます。

　使用手順は杖と同じで、歩行器→患側下肢→健側下肢の順で使用します。四点で支えるというのは多点杖と使用時の理屈は同じになりますので、あまり前方に出さず、垂直に床につくように使用します。

　また、安定性を重視したキャスターつき歩行器は縦や横の幅を多くとっており、小回りがきかないため、狭い場所での使用が難しくなります。

固定式歩行器の使い方　介助方法

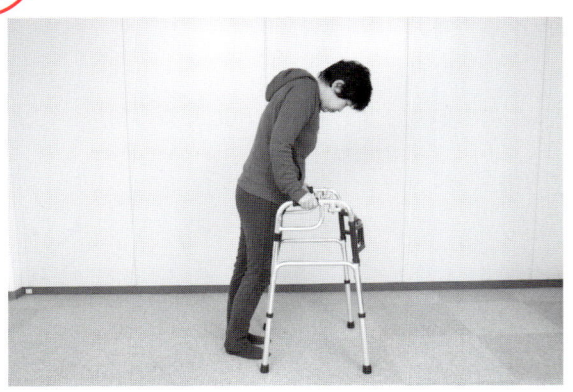

❶歩行器を前方に出し、前傾姿勢をとる。

❷一方の下肢を振り出す。

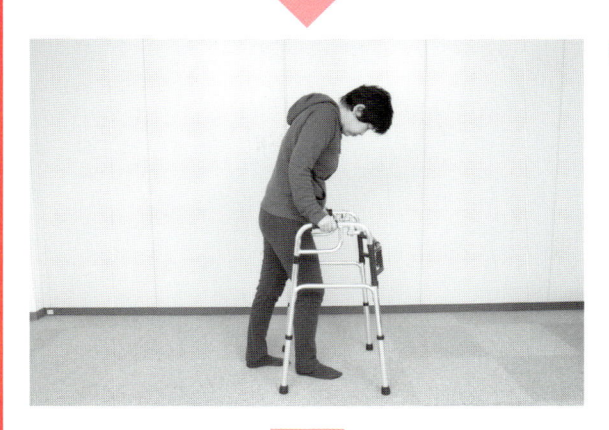

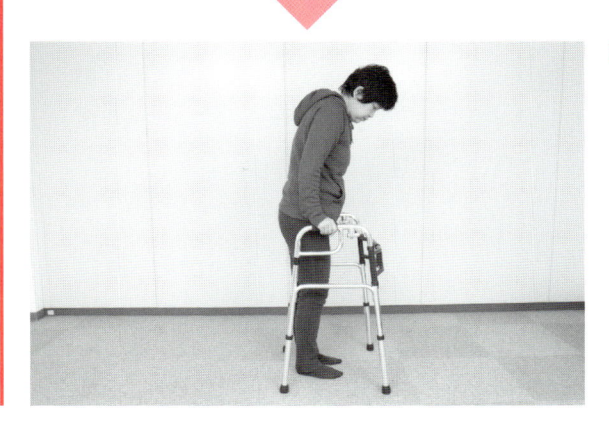

❸もう一方の下肢を振り出す。バランスの悪い要介護者は両下肢をそろえたほうがよい。

シルバーカーの使い方　介助方法

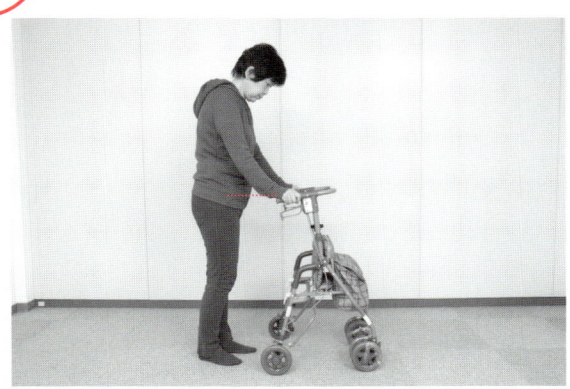

❶要介護者は無理のない程度にまっすぐ立位保持の状態となり、上前腸骨棘と同じ高さに手すりの高さを設定する。

❷一方の下肢を振り出す。

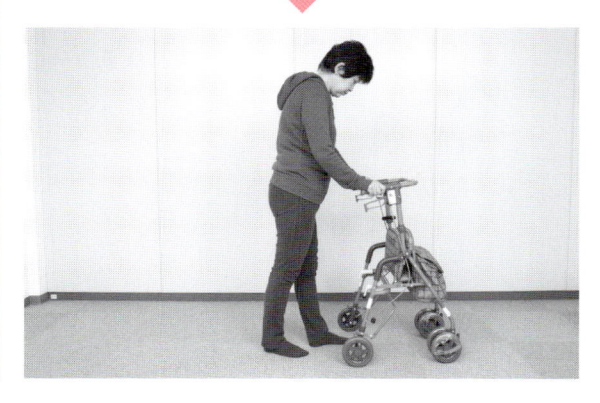

❸もう一方の下肢を振り出す。

Point Advice 多点杖・歩行器

! 歩行器は立位のバランスが不十分な要介護者等に使用します。また、多少の段差を移動する時もあるため、歩行器を持ち上げるくらいの体力があるとよいでしょう。グリップを握った時に、肘が約30度屈曲するように高さを調節すると、ほどよい力が発揮できます。介助者は歩行器を使用している要介護者のうしろ側に立ち、不安定な場合は要介護者の腰部を支え、体幹を安定させます。

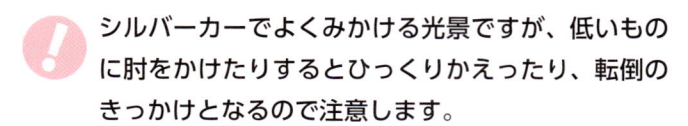

! シルバーカーでよくみかける光景ですが、低いものに肘をかけたりするとひっくりかえったり、転倒のきっかけとなるので注意します。

! 固定式歩行器は多点杖と同様に、遠くについたり、斜めについたりすると、下肢が振り出しにくくなったり、不安定になります。

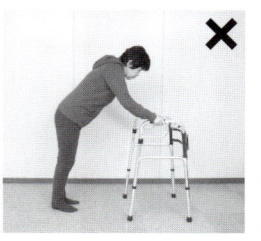

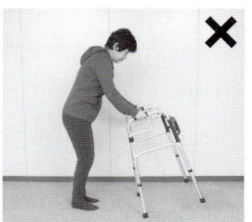

column#11

肘かけタイプの歩行器の使い方

　肘かけタイプの歩行器の使い方を紹介します。肘かけタイプの歩行器は、体幹が軽度前傾位になるため、歩行時の前進がしやすくなります。しかし前傾姿勢が強くなりすぎると、下肢をさらに屈曲させることとなり、下肢の振り出しが困難になります。そこで前傾位が軽度になるように、肘かけの高さを調節したりします。

　立ち上がる時は、キャスターつき歩行器が動いてしまったり、持つところが高くて体幹前傾が行いにくいため、立ち上がり動作がしにくい状態になります。そこで介護者は歩行器が動かないように押さえ、必要に応じて臀部を浮かせるサポートを行います。

　また、膝など下肢に体重等の負荷がかかると痛みが出現したり強くなる場合は、あまり側方への重心移動を促すことはしないようにします。肘かけに体重をかけているので、側方移動しなくても十分下肢を振り出せます。

(介助方法)

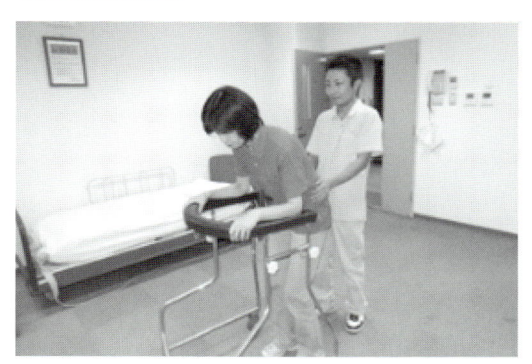

❶肘かけのあるキャスターつき歩行器は安定性が高くふらつきが軽減できるため、介護者は後方から介助する。

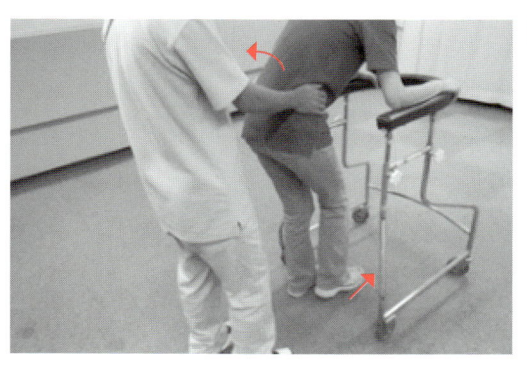

❷下肢を振り出す時は利用者の骨盤を支持しながら、側方への重心移動を促して、下肢を振り出しやすくする。

写真提供：田中義行（筆者）

あとがき

　介助が困難な要介護者の場合、何か大変なイメージが先行しやすいと思いますが、本書の執筆を通じて特に感じたことは、「やはり基本を押さえることがすべてに通じる」ということでした。

　ではどのようなことが基本に通じていることなのでしょうか——。

　まず障害の種別や、様々な程度や状況があっても、「この動作を行うためには、必ずここだけは守っている」というポイントが存在し、そこを見逃さないようにすることです。そして介助する前には、介助しやすいように事前の準備を必ずしっかり行うということです。

　介助を行う場合、腰痛の問題は避けて通れないと思います。これは筆者も気をつけているところですが、本書のもう一人の執筆者である介護福祉士の滝波順子先生の介助を拝見しても、必ず自らの腰を低く落としており、腰痛の原因となる腰椎の前傾になるような姿勢は行っていませんでした。

　介護技術に関しては、どうしてもその「やり方・方法」ばかりが求められる傾向にあります。しかし「なぜそうするのか？」ということをしっかり押さえないと、個々の要介護者にあわせた介助方法が実践できず、結果として要介護者に不利益な介護を行ってしまいます。是非「なぜそうするのか？」という視点で本書をご活用いただければと思います。

　10あった介護負担をすぐに0にすることは難しいと思います。しかし、本書の内容を実践していただければ、半分くらいには簡単に軽減できると思います。そして、「なぜ」という視点をもって反復していただければ、限りなく0に近づけることも可能だと思います。仮に、負担の軽減が半分程度にしか実感できなかったとしても、支援させていただいている要介護者の方々の負担が半分くらいになれば、私たちの業務にも余裕が生まれ、もっと介護が困難な要介護者に時間をかけることができます。筆者はそうした視点も重要と考えています。

　障害を有する状況になったとしても、要介護者もその家族も安心して日常生活を過ごせるように、本書がお役に立てれば幸いです。

2014年5月　田中義行

著者紹介 ※五十音順

滝波順子（たきなみ・のりこ）
介護福祉士、介護支援専門員。訪問介護員として活躍後、神奈川県立保健福祉大学や日本歯科大学東京短期大学、品川介護福祉専門学校等にて介護実習や介護技術の講師、公益財団法人ダイヤ高齢社会研究財団研究員、事業所への研修アドバイザー、各種研修会講師等を経て、現在は一般社団法人庄にてヘルパーステーション「庄の家」管理者として現場実践に力を注ぐ。訪問介護員やサービス提供責任者の質の向上、介護技術の向上をテーマに、介護の専門性についての研究を行っている。主な著書は『介護職員基礎研修テキスト第6巻・第8巻』（分担執筆、全国社会福祉協議会）、『セルフチェック基礎介護技術』（中央法規）等。

田中義行（たなか・よしゆき）
理学療法士。上川病院、江戸川医療専門学校（現東京リハビリテーション専門学校）、介護老人保健施設港南あおぞらを経て、現在は株式会社大起エンゼルヘルプ品川区立東大井地域密着型多機能ホームに在職。一般社団法人日本介護技術協会研究会会長。身体拘束廃止活動に精力的に取り組み、最近は研修会や講演活動で全国を回っている。介護技術では実際にみて体験すること、わかりやすく伝えることに力を入れる。著書に『潜在力を引き出す介助－あなたの介護を劇的に変える新しい技術』『写真で学ぶ　拘縮予防・改善のための介護』（共に中央法規）、『現場で使えるケアマネのリハビリ知識便利帖』（監修、翔泳社）等。

写真撮影：中川文作

撮影協力：株式会社大起エンゼルヘルプ　荒川8丁目福祉施設
　　　　　　　同　　　　　　　　　　　　グループホームなごみ三河島

モデル協力：井上茂子・中根美幸

介助が困難な人への介護技術

2014年7月30日　初版発行
2017年11月10日　初版第3刷発行

著　　者　滝波順子　田中義行
発 行 者　荘村明彦
発 行 所　中央法規出版株式会社
　　　　　〒110-0016 東京都台東区台東 3-29-1 中央法規ビル
営　　業　TEL 03-3834-5817　FAX 03-3837-8037
書店窓口　TEL 03-3834-5815　FAX 03-3837-8035
編　　集　TEL 03-3834-5812　FAX 03-3837-8032
http://www.chuohoki.co.jp/

編集・制作　ナイスク　http://naisg.com
　　　　　　松尾里央　石川守延　土屋かおり　西本理恵
装丁　HOPBOX
本文デザイン　沖増岳二
本文イラスト　編集プロダクション Studio woofoo
　　　　　　　amanojack design
　　　　　　　岡田真一（HOPBOX）
撮　　影　中川文作
印刷・製本　株式会社ルナテック

定価はカバーに表示してあります。
ISBN978-4-8058-5047-3
本書のコピー、スキャン、デジタル化等の無断複製は、著作権法上での例外を除き禁じられています。
また、本書を代行業者等の第三者に依頼してコピー、スキャン、デジタル化することは、たとえ個人や家庭内での利用であっても著作権法違反です。
落丁本・乱丁本はお取り替えいたします。